Nouvelle édition revue et augmentée

BILLETS ET PENSÉES DU SOIR

Philippe Laframboise

BILLETS ET PENSÉES DU SOIR

Préface de Jovette Bernier

TROIS

Cet ouvrage a été publié grâce à une subvention du Conseil des Arts du Canada.

Données de catalogage avant publication (Canada)

Laframboise, Philippe

    Billets et pensées du soir

    Éd. rev. et aug.

    (Collection Granit)
    Poèmes.
    Publ. antérieurement sous le titre: Billets du soir.
Montréal: Publications Éclair, 1970.
    Publ. à l'origine dans la coll.: Collection Éclair.

    ISBN 2-920887-41-6

    I. Titre. II. Titre: Billets du soir. III. Collection.
PS8573.A365B54 1992   C841'.54   C92-097022-2
PS9573.A365B54 1992
PQ3919.2.L33B54 1992

Dépôt légal:
Bibliothèque nationale du Québec
Bibliothèque nationale du Canada
4ᵉ trimestre 1992

Conception de la page couverture: Maxima & Les Productions A.M.A.
Couverture: Utrillo
Composition et montage: Andréa Joseph

à TOI
tout simplement
ce qui signifie TOUT

Cet ouvrage est publié dans la collection GRANIT
dirigée par Anne-Marie Alonzo.

© Éditions TROIS
2033, avenue Jessop
Laval (Québec)
H7S 1X3

Diffusion pour le Canada: DIFFUSION PROLOGUE
                          1650, boul. Lionel-Bertrand
                          Boisbriand (Québec) J7E 4H4
                          Tél.: (514) 434-0306

Diffusion pour la France   LA PANTOUFLE CHARENTAISE
et l'Angleterre: Juillé
                           16230 Mansle
                           Charente, France
                           Tél.: 45 39 09 14

Diffusion pour le Benelux: LES DIFFUSIONS DU SOLSTICE
                           363 B, Chaussée de Waterloo
                           B-1060 Bruxelles   BELGIQUE

«Pourquoi j'écris? Ce que j'ai dans le cœur, il faut que cela sorte; et c'est pour cela que j'écris.»

BEETHOVEN

Préface
d'Anne-Marie Alonzo

Publier un ouvrage qui, depuis près de vingt ans, sert de livre de chevet, de répertoire amoureux, de lecture radiophonique, c'est publier un ouvrage re/demandé par le public.

Peut-il y avoir de critique plus élogieuse?

Voici donc, revue et augmentée, une nouvelle édition de ce *bestseller* des années 70.

A.M.A.

Préface

C'est ça l'amour.

Ce mythe que l'on poursuit, que l'on atteint, que l'on tient, qui vous échappe, que l'on reprend pour le perdre, qui était à vous et qui va à l'autre. Pourquoi?

Pourquoi cette ferveur, cette certitude, ce doute, ce bouleversement? C'est ça l'amour. Pour le dire on ne trouvera jamais mieux que ce «je t'aime» en leitmotiv, en sourdine dans toute la gamme de ces billets qui forment le roman de Philippe Laframboise. L'amour avec des mots de tous les jours où la tendresse l'emporte en haut vol et en profondeur.

Depuis longtemps je sais la sensibilité de l'auteur et sa puissance d'aimer. Son œuvre est à l'image de lui-même, sans faille et sans boursouflure. On n'invente pas ces choses quand elles sont dites avec tant de candeur et d'émotion. La vérité a un visage qui n'est pas comme les autres.

J'ai dit, en refermant ce cahier: c'est ça l'amour. Herriot demandait un jour à Colette: «Préférez-vous aimer ou être aimée?» Contrairement à Herriot elle avoua: «J'aime aimer». Je suis de l'avis de Colette. Et je retrouve la même foi chez Philippe.

Disons-le: quel être a jamais mérité l'amour qu'on lui porte? L'échange en sera partagé mais jamais égal.

C'est ça l'amour!

Jovette Bernier

Les billets

RÉVÉLATION

Un geste!
un simple geste.
Un geste banal, en somme...
Oui, un geste comme il s'en fait, comme
cela, machinalement, banalement, au
hasard des heures et des jours.
Par dizaines, par centaines, par milliers!
Et pourtant...
Je ne te devinais pas... avant.
Je ne t'attendais pas... avant.
Je n'espérais rien de toi... avant.
Avant le geste, avant ton geste!
Et tu vins vers moi.

Et tu posas tes cinq doigts effilés sur ma main confiante; j'en sens encore l'intime chaleur...

tes doigts sur mon pouls palpitant, ta chaleur moite sur ma peau esseulée et...

c'est soudain le déclic, la révélation!

Et après la surprise: le trouble.

Et depuis: le désir!

Le désir né d'un simple geste, d'un geste banal, machinal, gratuit comme il s'en fait par milliers au hasard des...

Avant, il n'y avait rien!

De TOI à moi, il n'y avait rien...

Après, il y eut TOUT!

De moi à TOI, il y eut tout!

«Des doigts faits pour créer» — m'avait-on dit — en admirant tes mains d'artiste.

Mais, on dit tant de choses...

Et rien n'a tellement d'importance quand les autres sont en cause,

Mais maintenant, je suis sûr qu'on fait trop de gestes à droite et à gauche, sans y prendre garde, sans y penser.

On ne sait pas...

On ne sait pas mais on devrait savoir que l'un d'eux peut à jamais brûler certain cœur.

C'est seulement quand un de ces gestes nous marque, seulement là et pas avant, qu'on se met à réfléchir.

Il est déjà trop tard!

Ce qui n'était qu'une main anonyme devient soudain une étoile radieuse et brutale, une étoile d'attente, une étoile de peau, une étoile d'amour!

Delmet en a fait une musique?

Tu pourras en faire une anecdote flatteuse à raconter aux amis.

Moi, j'en fais de la prose car je t'aime!

JE T'AIME DÉJÀ BEAUCOUP TROP POUR EN FAIRE UN DRAME.

ATTENTE

Ce que j'ai fait hier soir?
J'ai... ATTENDU!
Comme tous les soirs depuis une semaine, j'ai fait le jeu du «bourdon»
autour du téléphone...
ce téléphone qui n'arrête pas de ne pas
sonner à cause de TOI.
Je quitte le studio où tu n'es plus depuis
cinq longs jours... je rentre chez moi qui
n'est pas encore TOI... je mets un
disque en marche, ton dernier disque...
j'avale négligemment un Perrier-Citron...
je...

Dans mon courrier: une carte postale.

Une carte postale à fond bleu: m…!

Vraiment, tu exagères.

Sachant que je ne puis supporter le bleu, tu m'envoies un amoncellement de ciel gros bleu, bleu à laver, bleu à déteindre, bleu à révolter.

Ah! oui, la carte. Ta carte!

Notre carte…

«Qu'as-tu fait hier soir?»

Cet interrogatoire en bleu, de quel droit!

Pas un seul mot de toi, de la tournée.

Ce que ma TOI fait là-bas, ce que mon TOI devient loin de moi, si ma TOI a du succès… si… TOI… si moi… RIEN!

Rien…

Rien de TOI!

Rien de nous?

Rien que du bleu!

Ah! ce bleu-là je le tuerais!

Ce que j'ai fait hier soir?

Eh! bien, après le Perrier, j'ai sauté dans le métro afin de rejoindre une amie sur les Îles. Oui, j'avais des places pour le Jardin des Étoiles.

Si j'ai aimé?

Oui… Tu sais, je suis tellement mauvais public quand tu n'es pas là. Disons que je n'ai «marché» qu'à demi: trop long, beaucoup trop long comme spectacle, vois-tu… Peut-être aussi que le temps m'a paru long parce que je pensais trop à TOI. On a beau s'étourdir, voir des gens, prendre des métros… Mais j'aimerais mieux passer à autre chose.

Pour revenir à TOI.

Depuis deux heures, je suis anti-tournée de province.

Il y avait le téléphone, maintenant, il y a les tournées qui ne vous laissent comme souvenirs qu'un jardin d'étoiles qui n'en sont pas et que des cartes postales fond de bleu.

Tu me donnes de nouveaux ennemis.

Mais QUI es-tu?

Pour QUI te prends-tu?

Que me veux-tu?

Je ne te demandais rien avant et tu me demandes tout depuis.

Je sais, on t'admire pour ton talent.

Moi, je te redoute pour ton talent: celui que le public ne connaît pas; chacun sa tournée, n'est-ce pas?

Mais je t'en prie, **téléphone** mais n'écris plus... puisque je caresse déjà la voix de ton retour.

DOUTE

Tu n'as pas aimé mon dernier billet!
Je m'en doutais bien, penses-tu...
Mais tu sais, il y a des limites à tout:
même dans un très Grand Amour.
Je te l'ai déjà dit et écrit: moi, je ne t'ai
jamais rien demandé. C'est TOI qui as
fait le premier geste, c'est TOI qui as
créé une situation, c'est TOI qui as promis, c'est TOI qui...
Tiens, on se connaît depuis longtemps
nous deux?
Eh! bien, je te jure que jamais l'idée
de... J'ignorais même que tu faisais par-

tie de l'air que je respirais, que tu pouvais être dans la musique que j'écoutais. J'ignorais!

Comment aurais-je pu te réclamer alors que je ne t'attendais pas? Oui, je sais, il y a des illusions que l'on cultive, des rêves, des regrets... On ébauche parfois des plans, des calculs, un certain rouage pour conquérir, parvenir à ses fins. Mais chez moi, rien de tel ne fut vraiment préparé, prémédité. Tu m'auras pris par surprise puisque tout ton TOI m'est tombé dessus comme une inévitable fatalité.

Quand ces choses-là arrivent à d'autres, comme témoin, on se dit: «Quand même, pour être mordu à ce point, il faut être dingue, non!»

Quand ces choses-là vous frappent de plein fouet, on a des réactions de somnambule.

On cherche le noir... afin de retrouver son équilibre, tout comme ces petites bêtes domestiques que l'on assomme par mégarde.

Comme certaine maladie, comme la mort, on a toujours l'impression que ce n'est jamais pour soi, ces choses-là, quand ça cogne. Et je suis cogné, hein! Oui, tu m'as bien cogné...

Cette habitude inconsciente que tu as de promettre, de promettre et de promettre à ceux qui ne te demandent rien.

— Tu es à la maison, ce soir? Je te téléphonerai juste en rentrant. D'accord!

OU...

— Vendredi, si tu es libre, nous dînerons ensemble. Nous fixerons l'heure et l'endroit par téléphone!

OU ENCORE...

— Il faut absolument qu'on se voie, qu'on se parle tous les deux. Donc, je te téléphone et...

ET TU NE TÉLÉPHONES JAMAIS!!!

Alors, comme un fou, le cœur battant, j'espère. Je brûle les distances pour être plus tôt chez moi. Et c'est là que le supplice commence: des heures à attendre, attendre, attendre…

Vainement!

Ne promets plus ainsi à la légère. Car le téléphone, vois-tu, ça n'a l'air de rien, mais c'est une arme si dangereuse… qui peut apporter du bonheur d'un seul coup ou du malheur et du drame pour bien longtemps. Je t'en prie, ne fais plus de telles vaines promesses; elles peuvent faire trop de mal! Il te suffirait peut-être d'écouter ce disque de PIAF, l'un de ses derniers, pour réfléchir à tout cela:

«C'est peut-être ça
Qui fait battre le cœur
Et pendant des heures
Vous fera rester là
Devant un téléphone
Pour entendre une voix
Devant un téléphone
Qui ne sonnera pas

C'est peut-être ça
Qui fait pleurer de rire
Et vous fait courir
À minuit sous la pluie
Sous la pluie sans manteau
En g... qu'il fait beau
En g... que la vie
Y'a rien de plus joli
Avant, juste avant
D'aller se f... à l'eau
C'est peut-être ÇA
L'Amour, le Grand Amour!»

...LE NÔTRE!

DÉSARROI

Ce jour-là, j'étais pourtant bien décidé à ne pas te sourire, à ne pas broncher, à tenir le coup!
Mais... ce sacré hasard en aura décidé autrement.

On se pense LIBRE, dégagé, fort, iné-branlable et, face à face avec l'objet de son Grand Amour, on perd soudain tous ses moyens.

C'est trop bête et trop facile!

Alors, on se cabre, les tempes bouillon-
nantes, ne pouvant ni avancer ni reculer, comme si on allait vers la potence
ou vers son calvaire, le calvaire de l'ho-
locauste du cœur.

Pour un long moment, c'est le destin qui
prend le dessus, ce destin que l'on maudit comme une calamité inexplicable
autant qu'inattendue.

J'étais là.
Tu étais là.
Nous étions DEUX!
Deux à nous regarder sans trop comprendre. Tu me jugeais déjà et moi, tout
bas, je t'accusais d'avoir fait de moi
CELA.
CELA: un pauvre type sans plus de dé-
fense, incapable de maquiller ses sentiments.
Oui, moi, le fort, l'indépendant, l'affran-
chi, l'intouchable... celui qui avait pourtant juré avec preuves à l'appui qu'on ne
l'y reprendrait plus jamais...

JAMAIS!

J'en étais rendu là.
Et puis voilà...

Oui, c'est trop bête à la fin!
Trop bête et trop injuste aussi...

— Seigneur, comme on a besoin de
croire en ton existence quand on
aime à ce point. Quand, à demi con-
sentant, on va ainsi vers le crucifie-
ment de tout son être, flagellation
morale dont on sortira plus démuni,
plus solitaire, plus meurtri et plus
vulnérable que jamais; oui, comme
on a besoin de croire!

Alors, poussé comme par une volonté
plus forte que la mienne, ce jour-là, oui,
j'eus la force de m'avancer vers TOI.

Nous nous sommes d'abord souri, ma-
laisément. Et fuyant mon regard, tu
m'avouas alors:

— Avec toi, je sais que je n'aurai jamais
à m'excuser pour te RECONQUÉ-
RIR!

Cette phrase, cette assurance, cette provocation, en me lacérant, me clouèrent sur place.

Quoi, j'arrivais vers TOI le cœur gros d'accusations et tout à coup, j'avais envie de te demander pardon. Oui, moi, j'en étais rendu là?

Et dire qu'avant, la dignité, je savais tellement ce que c'était!

Tu as fait de moi cela: un mendiant d'amour.
À cette minute-là, je me serais mis à genoux devant TOI en maudissant l'amour.
À cette minute-là, il fallait que tu aies toi-même beaucoup à expliquer pour ajouter aussitôt:
— Depuis quelques jours, je vois clair!
Mais, que vois-tu donc, mon cher Grand Amour?
Si vraiment tu voyais clair comme tu dis, tu... Ah! et puis à quoi bon!
Tu as le plus beau rôle et tu as bien raison de te dire: «C'est une victime, profitons-en!»

Mais je te jure que d'ici quinze jours...
Le temps de me ressaisir, de penser, de
prier un peu, de rencontrer plus malheureux et moins aimants que moi... Et
puis, au fond, j'ai un solide avantage sur
TOI puisque moi, maintenant, je sais ce
que c'est AIMER!

RENDEZ-VOUS

Comment voulais-tu que je te reconnaisse?
Je t'ai connue en noir, hier tu étais
brune, aujourd'hui... **blonde!**

Je vous demande un peu: blonde?
De ce blond artificiel, genre «faites-le-
vous-même». De ce blond que je déteste.

Évidemment, TOI, cela t'amuse, puisque
tous les prétextes sont bons pour me
faire vaciller.

Cela t'amuse par coquetterie, parce que tu peux mieux, ainsi, capter les nouveaux regards de celui-ci ou de celui-là.
Nouvel aspect: donc, nouveaux voisins!

Ah! vous êtes bien toutes les mêmes et c'est sans doute pour cela qu'on vous adore.

Cependant, nous, avec vous, il ne faut pas déroger d'un poil, ne plus porter telle cravate, ne pas fumer tel tabac, ne pas être en retard d'une seconde...
Vous jouez alors les vexées.
Vous nous faites alors la tête
...la tête blonde!

C'était pour dix-neuf heures cinquante notre rendez-vous?
Je te jure bien qu'à dix-neuf quarante j'étais là, au lieu indiqué la veille, de bouche à bouche.
J'étais là, tel que convenu!
Heureux et altier d'aller ainsi au-devant de ma TOI-BRUNE, j'étais...

Je ne t'aperçois pas cependant dans cette foule de «Terre des Hommes»...
je devrais plutôt dire dans cette foule de... «Terre des Blondes».

Alors, insouciant, pour passer le temps, j'aborde tout ce qui est... brun!
Et voilà que tu surgis en trombe, les yeux courroucés de jalousie et le doigt accusateur tendu:
— C'est cela, pendant que j'attends comme une imbécile, on prend du bon temps; Monsieur voltige sous le Ciel de Montréal avec d'autres femmes!
— D'autres... femmes?
— Ne mens pas, je t'ai vu!
— Mais... qui êtes-vous, Madame? Les voix épousent souvent le reflet des chevelures. Il suffit parfois que celles-là soient changées pour... qu'on ne les reconnaisse pas du premier coup d'œil.

— Ainsi, tu étais sur ce banc!
Voilà, j'avais rendez-vous avec une brune et c'est une blonde qui m'attendait.

Alors…

Elles sont toutes les mêmes, oui, et c'est
pour cela qu'on…

Quant à la méfiance, elle est toujours
pour nous, pauvres hommes.
Quand même…
Mais j'y pense? Et si c'est le contraire
qui s'était produit, hein!
Si au lieu de TOI, c'était moi qui…
DIS, en blond, tu me vois… en…
BLOND!

AMOUR

Comme c'est puissant l'Amour!
C'est si extraordinaire… l'amour?
C'est tellement inventif aussi, l'amour!

Et c'est BON, l'amour...
même quand ça vous fait crever de stu-
péfaction sur place, c'est bon.

C'est pur et beau aussi, un Grand
Amour tout neuf et tout nouveau.
Et, il n'y a rien de plus beau que quelque
chose de beau, parce que le beau est
BEAU, toujours.

Et mon Amour, cet Amour, NOTRE AMOUR, moi, eh! bien, je le trouve beau!

Je le trouve beau quand — sans savoir que TU es là — en poussant une simple porte, je sais d'instinct que tu apparaîtras derrière.

Souviens-toi, ces jours derniers, à la télé, nous sommes arrivés face à face, comme si le hasard avait absolument voulu nous jeter dans les bras l'un de l'autre.

Nous avons éclaté de rire, cherchant bêtement une explication valable. Et la preuve tu l'avais enfin, puisque depuis tu ne peux plus ni dire ni penser: «Ma parole, il le fait exprès!»

Non, je n'ai pas fait exprès, ni là, ni avant, ni au début, ni depuis, ni au moment de la RÉVÉLATION, je n'ai pas fait, je n'ai jamais fait exprès.

J'ai subi, c'est tout.

Et c'est cela le plus terrible!

Le plus terrible ou le plus merveilleux?

Cela je le saurai plus tard, beaucoup plus tard!

Que veux-tu, il y a une FORCE inconnue qui me pousse vers TOI!

Il y a une main amie et complice qui me
pousse vers TOI!
Il y a une montagne de tendresse qui me
pousse vers TOI!
Il y a un monument de musique qui
m'attire vers TOI!
Il y a Dieu qui me pousse vers TOI!

Eh! bien oui, je dois te l'avouer: depuis
un mois, grâce à TOI, j'ai comme retrouvé la Présence spirituelle. Après des
années d'indifférence, j'ai comme eu le
besoin d'entrer dans une église déserte
afin de penser davantage à NOUS.
Que veux-tu, il faut croire qu'un tel sentiment sert à nous rendre meilleur, plus
tendre, plus humain, plus réceptif...

Comme c'est puissant l'Amour!
C'est tellement inventif aussi, l'Amour!
L'amour et TOI, TOI et l'Amour...
TOI... l'Amour... Ah! oui, à cette
heure, comme je t'AIME de ne pas m'ai-
mer encore assez!

Je t'AIME et cela me suffit, jusqu'au jour où j'aurai la force de te demander la permission de t'oublier.

Oublier! Tout ce qui nous arrive, pourrons-nous seulement l'oublier un jour, oublier cela, oublier nous deux?

Mais d'ici là, je demande à ceux qui t'aiment — enfin, ceux qui vivent avec TOI — de t'aimer mieux et davantage pour quelque temps encore. On m'a dit que tu avais été malade dernièrement et...

Oui, demande-leur!

En faisant cela pour TOI, c'est à moi qu'ils rendront service!

ABSENCE

Quel jour t'ai-je le moins aimée depuis que je t'AIME?
Attends, je crois que c'est... samedi dernier!
Pardon, excuse... mais ce jour-là, je fus distrait de TOI l'espace de trois minutes.
Tout à coup, oui, il y eut comme un grand vide, une sorte d'oubli spontané.

Mais la minute suivante, voilà que j'étais de nouveau plein de TOI!
Parce que ta chère image, vois-tu, tel un

45

remords sans fin, me poursuit maintenant presque sans cesse.

Oui, j'ai beau bourrer ma vie de travail,
penser à autre chose, rencontrer des
gens, revoir mes anciens amis, aller ici
et là, sauter dans des taxis… il n'y a rien
à faire, ton image et ton nom baignent
constamment mes jours et mes nuits.
On dirait d'inévitables menaces!

Tu sais, entre nous, ce n'est pas tellement vrai ce qu'on nous assure depuis
toujours, à savoir: «Qu'on n'a qu'à vouloir pour oublier».
Non… pas tellement vrai!

Oui, soudain, de moi à TOI, il y eut
comme un énorme vide, comme une
flamme d'espoir qui hésite avant de
s'éteindre, comme la main d'un enfant
qui vous laisse, qui vous lâche…
Et en face de ce mystère de la vie et de
la mort qui voulait que ce matin-là je
sois d'un cortège funèbre, je me sentis
tout à coup si seul et si perdu que je
m'accrochai désespérément à ton ombre.

Ah! l'impuissance de l'individu devant le malheur humain, en face de la mort!

Elle faisait partie de mon enfance...
Elle s'appelait Marie!
Enfant, quand j'allais chez elle, j'aimais m'attarder sous ses fenêtres afin de l'entendre jouer. Ses mains couraient sur le clavier pour m'apporter, dans le jardin, à travers les persiennes, des sons très beaux: Mozart, Chopin, Schubert?

Je ne savais pas encore, mais c'était très BEAU!
Et pour moi, pour mes six ans, Marie était devenue «la femme au piano».
Elle était devenue: la MUSIQUE!

Elle vient de mourir, cousine Marie.
Et avec les autres, dans le soleil mal à l'aise de se faire si radieux sur tant de désolation, je l'ai accompagnée au cimetière. Il y avait du silence, un oiseau gentil, des fleurs, tout le gris du lac Saint-Louis, à deux pas, au-dessus de mon passé.

Mais, il n'y avait plus TOI!
Au moment de l'ultime adieu, dans ma pensée, tu n'étais pas là...
Mais là, voilà que je te retrouve!
Et je songe à TOUT ce que TU es pour moi.
Depuis le cimetière, je pense qu'il est aussi pénible de pleurer un être vivant qu'une disparue... aussi atroce de dire Adieu à un être vivant qu'à une morte.
Je t'AIME et tu n'es pas là!
Je t'AIME et tu n'es jamais là!
Et pourtant: tu vis, tu respires, tu existes...

Tu comprends, ce qui est fini est bien fini? Et ce qu'on ne peut imaginer fait moins mal. On s'habitue peut être à l'absence définitive? On parvient peut-être à spiritualiser le Grand Départ? On ne pourra sans doute jamais admettre une mort... vivante!
Parce que la mort, en amour, sera toujours la moindre rivale!

Je penserai de nouveau à ma cousine Marie, quelques fois, mais avec de plus en plus de sérénité.

Je penserai encore à TOI, toujours, mais avec un tel tourment, avec un tel goût de déchirure au fond de moi-même!

Oui, pleurer un amour vivant, c'est certainement cela le cher tourment, la grande angoisse, le vrai deuil!

Où es-tu en ce moment?
Que fais-tu en ce moment?
Avec qui es-tu en ce moment?
Ce «qui» ne pourra jamais t'aimer autant que moi, ce n'est pas possible.

Écoute!
Écoute, si tu as une cousine qui s'appelle Marie et qui joue du piano le soir dans le grand salon d'une maison ancienne... aime-là, aime-là bien!
...EN SOUVENIR DE MOI!

RUPTURE

Eh! bien, NON, ça ne peut plus durer!
Déjà je me sens trop atteint…
Je t'aime, c'est entendu! Mais un amour,
si grand soit-il, n'a pas le droit de nous
détruire à ce point-là. Cette vie d'enfer
que je mène à cause de TOI depuis trois
mois déjà, non, ne peut plus durer.
Tu me fais passer du chaud au froid en
détruisant par ton absence, ton silence
et ta fuite, l'espoir que tu as fait germer
en moi la veille.
Hier soir, par exemple, juste après
m'avoir donné tant de bonheur, tu m'as

51

laissé cruellement attendre, cruellement tomber. Pour qui et pour quoi?

Alors, comme un bagnard, j'ai attendu de sept heures du soir à 1 heure 30 du matin en me promenant de long en large et d'un fauteuil à l'autre, ne sachant à quel saint me vouer.

Et ce matin, je suis littéralement brisé, anéanti, liquidé…

Ce n'est plus possible!

Mais non, je ne t'en veux pas. Et c'est cela qui me dépasse et me fait rager: plus tu me martyrises et plus je t'aime! Ce que l'amour peut faire de nous dans ces cas-là dépasse l'imagination.

Non, ne crains rien, je ne te ferai pas de scène, je n'irai pas flâner sous tes fenêtres, je ne prendrai pas de somnifère, il n'y aura ni enquête ni réquisitoire; j'essaierai tout simplement à l'avenir de ne plus être où tu seras, de ne plus répondre au téléphone, de chercher un autre travail, de…

Jusqu'à maintenant mes propos pouvaient laisser croire que j'étais par nature un adepte de la souffrance silencieuse?

Pas du tout, ma chère!

Et je ne te laisserai pas détruire en quelques soirées ce que j'ai mis quarante ans à construire et vingt à reconstruire.

J'ai trop attendu!

Et je n'ai ni le courage, ni la force, ni le temps de poursuivre: supplice inutile!

Et dire que j'avais une si ardente confiance en TOI! Aveuglement bien superflu...

Comme on a tort d'embellir l'âme de ceux qu'on aime! De pur, de simple, de vrai... mais il n'y a que cet enfant qui s'endort puisque pour lui le réveil viendra toujours trop tôt.

Tu vois où ça conduit la sentimentalité effrénée.

Quand on est ainsi, à fleur d'âme et à fleur de peau, on devrait interdire certain poème.

On devrait se défendre d'entendre certaine musique:

l'âge de Chopin n'a qu'un temps et le reste, tout le reste n'est que remplissage.

Oui, il n'y a vraiment rien de pire qu'un poème qui ment et qu'une musique qui fait mal!

Non, ça ne peut plus durer!

À partir de ce jour, je t'efface de ma vie; tu entends je noie les billets et f... mon phono en l'air. Bon!

À partir de cette heure, tu m'entends, je te chasse de mes pensées; adieu rêve, souvenirs et... Bon!

Déjà, à moitié délivré, j'ai eu la désinvolture de détruire photos, lettres, symphonies...

Tu vois, moi, je me retire, je...

Toi, va où tu voudras, vois qui tu voudras, aime qui tu pourras, fais la vedette au sein de ta nouvelle petite cour... moi, maintenant, je me sens au-dessus de toute cette histoire de romance à deux sous.

Finie l'aventure jolie!

Par-dessus bord, l'idylle romantique!

Voilà... tu es libre, je suis libre, nous sommes libres! Qui sait, sans doute as-tu déjà les vues sur une nouvelle victime?

Je lui souhaite tant de bonheur, tout le bonheur de la terre.

Le pauvre, je ne lui souhaite pas en revanche de connaître en trois mois ce que j'ai enduré, moi, et par toi, en une seule heure d'attente.

Va…

Va et n'en parlons plus.

Non, je ne t'en veux pas.

Et plus encore, j'ai même l'impression que je n'aurai pas trop de misère à tout renier, à tout oublier, à… très vite, je t'assure! Je ne t'en veux pas, je te remercie même de m'avoir permis de revivre un sentiment que je croyais à jamais enfoui au fond de moi-même. Mais là, je dois rompre, interrompre ce dernier billet. J'ai assez attendu, assez souffert, assez aimé!

On se reverra? Certainement, comme cela, par hasard, sans y toucher, sans y penser, sans s'en rendre compte.

SONNERIE DU TÉLÉPHONE ET LA MÊME VOIX DANS LE SILENCE DE LA PIÈCE DEVANT LE BILLET INACHEVÉ

Un petit moment, je t'en prie, je dois… le téléphone…

— Ah! c'est TOI mon Amour. Mais oui, mais oui, ça ne fait rien... Tout de suite, voyons! Mais quand tu voudras. Dans une heure? Bon, d'accord, attends-moi, j'ARRIVE!

TES YEUX

Ces deux étoiles qui sombraient ainsi
dans des mers inconnues, ces deux
étoiles, c'étaient tes yeux!
Il y avait tant de détresse en eux, que je
sentis fondre aussitôt mon cœur à leur
envoûtant contact.
Et c'est à cause d'eux que j'ai commencé
à vraiment t'AIMER!
C'était l'hiver dernier; rappelle-toi.
En février, je crois...
Dans les plaines endormies, il neigeait
déjà sur nos deux passés.
Et comme tu étais triste, ce soir-là, en

m'appelant, en me suppliant du regard.

Ah! tes pauvres yeux...

On aurait dit deux sacrements à la dérive!

Cette nuit-là, oui, j'aurais dû les emporter avec moi, bien loin de tous et de tout, afin de les bercer, de les consoler, de les mettre pour toujours à l'abri de toute atteinte affligeante.

J'aurais dû les ensevelir bien au chaud sur mon cœur, afin qu'ils ne subissent jamais plus les soirs de veille, les nuits décevantes et les matins sans soleil.

Ah! qu'ils me sont devenus chers, soudain, tes chers yeux!

...les yeux de ton âme devenus en un seul instant, les yeux de mon cœur et de ma vie.

Et depuis...

Depuis, je les aime, tes yeux, quand ils se perdent dans d'imprécises voluptés!

Je les aime, tes yeux, quand ils me font entrevoir ce coin de Ciel où la félicité nous est promise!

Je les aime, tes yeux, quand ils me rap-

pellent les chefs-d'œuvre des plus vastes
musées du monde!

Je les aime, tes yeux, quand ils me pro-
jettent des sourires d'ange et des images
d'enfants blonds!
Je les aime, tes yeux, quand ils distillent
l'or fauve des immenses champs de blé
du pain de notre existence!

Je les aime, tes yeux, quand ils nous
sèment des escales dans tous les ports de
l'univers!
Je les aime, tes yeux, quand ils reflètent
les nuages d'un rêve sans fin!
Je les aime, tes yeux, quand ils tissent
les velours précieux qui serviront de lin-
ceuls aux violettes de notre souvenir!

Je les aime, tes yeux, quand ils écrivent
les pages de notre immortelle symphonie!
Je les ai aimés, tes yeux, quand je les ai
vus embués de tout le sang de l'Amour!

Comme ils devaient être purs le jour de
ta Première Communion!

Comme ils devaient être las avant que je les embrasse de tout mon être!

Comme ils seront humains quand ils s'éveilleront à la grandeur et à la noblesse de l'Amour! Comme ils seront BEAUX dans la mort! Et comme je les aimerai davantage encore quand ils auront appris la vraie manière de pleurer!

À ce moment-là, je me tiendrai respectueusement près d'eux, debout et bien droit, comme pour le salut au Drapeau d'Honneur... parce que pour TOI, enfin, aura sonné l'heure solennelle de la ré-incarnation du cœur et de la régénération de l'âme.

Tu auras tant de talent, mon Cher Amour, le jour où tu pourras enfin payer de tes larmes, le prix de la raison de toute ton existence!

Si tes yeux pleuraient sans que je le sache, sans que je sois là, je vendrais mon âme à Satan...

Si tes yeux pleuraient enfin, parce qu'il n'y aurait plus que moi auprès d'eux, je me mettrais à genoux afin de m'abreuver à la source même de ton être, en me signant, pour rendre grâce à Dieu...

Ah! oui, les boire tes larmes!

...et les emporter avec moi jusqu'aux confins de la terre, afin d'en faire le chapelet de ma bienheureuse SOLI-TUDE!

JE T'AIME!

Il est mort! Tout est fini... Il ne nous reste plus que son souvenir!

JE T'AIME!

Il est mort à l'œuvre, en sacrifiant sa vie.
Il est mort dans un grand geste d'amour.
Il est mort pour avoir oublié de vivre.
Son cœur a battu pour trop de monde à la fois et un cœur ne sera toujours qu'un cœur.

JE T'AIME TANT!

En t'écrivant ce billet, ce soir, oui, je pense à lui: hier vivant, aujourd'hui mort! En revoyant toutes ces photos funèbres... en revoyant les images de son front glacé, de ses yeux éteints et de son implacable inertie, je pense à TOI!

JE T'AIME DE PLUS EN PLUS!

En pensant à sa mort à lui, je pense à notre vie à NOUS.

Combien nous reste-t-il de jours, de nuits, d'heures? Combien?
Ah! oui, pendant qu'il en est temps encore, AIMONS-NOUS sans arrêt, sans perdre un seul instant!!

JE T'AIME PLUS ENCORE!

Il y a tant de haine ici-bas!
Il y a tant de cœurs oubliés, de tendresse perdue, de solitudes imméritées...
Il y a tant de cœurs disponibles alors qu'il n'y a personne pour y faire atten-

tion, s'en occuper...
Il y a tant de larmes inutiles et de baisers perdus!

JE T'AIME PLUS QUE TOUT AU MONDE!

Lui, ses heures étaient comptées.
Mais se sentait-il assez aimé?
Il a donné tant d'amour!

Mais avant de partir, juste avant, a-t-il été payé de retour?
Y avait-il une ou LA présence autour de lui?

Pensons à lui, veux-tu!
Pensons à lui en révisant notre amour.
Combien nous reste-t-il d'années, de mois...

JE T'AIME COMME ON NE T'AIMERA JAMAIS PLUS!
Il est mort!
Tout est fini.
Il ne nous reste plus que son souvenir...

JE T'AIME!

Viens sur mon cœur tout de suite et fermons les yeux.
Donne-moi la main!
Faisons silence... en nous signant, puisque l'amour est là pour le grand miracle de nos deux vies.

JE T'AIMERAI TOUJOURS!

CHANSON

(à l'occasion du cinquième anniversaire de
la mort de la grande et regrettée Édith
Piaf)

•

Cinq ans!
C'est long, cinq ans?
Cinq ans!
C'est court... cinq ans!
C'est long et c'est court cinq ans et tout
plein de déjà, de toujours, de jamais, de
peut-être, de combien...
C'est surtout plein de vie!

C'était un vendredi...
C'était un jour comme aujourd'hui.
C'était un jour de pluie
...la pluie des jours de grandes mortalités!
Je te connaissais, mais je ne t'aimais pas encore.
Je te connaissais, mais je n'AIMAIS pas encore.

Je croyais, mais...
Au fait, c'est sûrement ELLE qui m'aura appris à AIMER... à aimer de cette façon-là, à aimer de cet amour-là, à aimer de cette chanson-là!

Elle a tant chanté l'Amour!
Elle a chanté tant d'Amour!
Elle a chanté tout l'amour avec les yeux fermés comme on prie quand on est tout petit.

Elle a chanté l'Amour comme on part à la guerre, comme on soigne une plaie, tout seul, quand RIEN n'est plus, quand il n'y a plus personne!

Elle a chanté l'Amour comme on regarde s'éteindre la dernière flamme quand au fil de ses jours il y a plus d'Adieux que de promesses, plus de regrets que de serments, plus de vides que de souvenirs.

Elle a chanté l'Amour.
Elle l'a tant chanté qu'elle en est morte!
Elle a aimé...
Elle a tant aimé qu'elle n'a pas pu en survivre!

C'était un vendredi...
C'était un jour de pluie!
Elle est morte pour avoir trop chanté, trop aimé, trop donné, trop pleuré, trop espéré, pas assez regretté.
Elle est morte comme une chanson, pour une chanson, comme SA chanson!

— Retourne le disque, je t'en prie:
   «Padam, Padam, Padam
   Des amours de 14 juillet
   Padam, Padam, Padam
   Des toujours qu'on achète au rabais

Padam dans ton cœur et le mien!
Padam sur ta vie et la mienne!»

Dis, ne sois pas triste ainsi; ne meurent vraiment que ceux qui n'occupent plus nos pensées!
Et ce soir, ELLE est entre TOI et moi: si une chanson doit à jamais nous unir, que ce soit la sienne!

— Arrête le disque et ne sois plus triste!

Sur Paris, ce soir, il y a une ombre entre les pavés gris et les marronniers sans fleur: l'ombre de notre grande Amie.
Sa chanson, non, ne mourra jamais puisque l'Amour est éternel!
C'est peut-être ELLE qui, cette nuit, nous donne ainsi rendez-vous en joignant nos deux mains.
Ferme les yeux!
Fermons les yeux!
Cinq ans déjà?

Bonsoir et à demain: ÉDITH PIAF!

VIENS!

Viens!
Viens tout près, viens plus près!

Vois, c'est le printemps, notre premier
printemps.
Vois, c'est déjà la fin du jour et le com-
mencement de notre interminable nuit!

Ne dis rien... et laisse-toi aimer au-delà
de toutes limites humaines et terrestres.

Ne te laisse surtout plus envahir par l'indifférence des êtres et la tristesse des choses, puisque je suis là pour toujours.

Parce qu'il nous rapproche dans tout son renouveau, ce printemps tout neuf je le bénis comme on baise un viatique quand on a besoin de croire ainsi en l'offrande de tout son être, de toute son âme.

Viens...
Vois, ma maison n'est plus la même depuis qu'elle te connaît puisque l'Amour, avec TOI, semble y avoir pris place à jamais.

«Toujours-Jamais»... m'as-tu dit, ce fameux soir où nos cœurs se sont ouverts l'un à l'autre, où nos deux solitudes se sont jumelées à la vie et à la mort.

Viens...
Viens encore plus près!
Et ne te laisse jamais plus envahir par la désolation de ce monde et le dépouillement de toutes choses.
Puisque je suis là, enfin, ne laisse plus

vagabonder ta belle âme d'artiste au hasard des soirs de froidure et des nuits de cruel abandon, comme tu le faisais avant de me connaître.

Désormais, c'est juré, jamais plus tu n'auras froid, TOI!... parce que je ferai toujours soleil autour de ta divine présence.

Viens!
Viens tout près... viens plus près!

Vois, c'est le retour des beaux jours dont les nuits inscrivent déjà nos deux noms dans le Ciel de l'Amour.

N'aie plus peur!
Ne crains plus!
Glisse-toi entièrement, repose-toi entièrement au creux de ma tendresse compréhensive, au sein même de tout ce qui veut que nous soyons NOUS.

Viens!
Viens encore plus près!
Et ferme doucement les yeux sur toutes

ces années perdues, parce que la vie avait oublié de nous remarquer tous les deux, parce que l'AMOUR avait tout simplement oublié de nous faire son bel Ave Maria. Mais tu vois, l'amour vient de tout réparer.

Viens!
Tous les deux, nous avons trop attendu cette heure de douce intimité à laquelle nous avions tellement droit, puisque trop de gens qui ne nous aimaient guère nous l'auront fait payer avec des larmes, à même l'égoïsme de leur infidélité terrestre.

Cette «Sonate à la Lune», dis mon cher Grand Amour, si Beethoven l'avait écrite rien que pour nous!

Ne faisons pas comme lui: il a trop souffert!
Et puisse son génie, le Génie de la Musique, nous unir jusque dans la tombe!

Viens!
Viens toujours plus près! Viens, puisque

c'est la saison des lilas, puisque le temps des feuilles mortes ne peut plus effaroucher nos deux âmes soudées l'une dans l'autre.

Viens!
Vois, c'est déjà le printemps des amours humaines.

Cette goutte de Porto, cette bûche qui flambe dans l'âtre, cette flamme qui crépite dans la nuit à l'image de notre harmonie sentimentale... tout contribue au chant de nos cœurs entrelacés.

Viens!
Referme le livre!
Recouvre bien le piano, surtout!
Réduis l'éclairage...

Viens!
Et faisons silence
...puisque Dieu nous aime en nous permettant ainsi de TANT NOUS AIMER!

NOTRE RUE

«La Ville où l'on a souffert, on l'évite…
la Rue où l'on a aimé, on y rôde!»
J'ai souri, tout à l'heure, en découvrant
cette pensée de notre ami Félix Leclerc,
parce qu'elle résumait si bien notre Belle
Histoire d'Amour.
Oui, cette rue, depuis un mois, nous
l'avons à nous deux et, elle est de plus
en plus belle!
C'est TOI qui nous l'inventas…
Tu te souviens, dis?
Si, il faut s'en souvenir, toujours!
Toujours, puisqu'elle demeurera notre

plus intime complice, notre Porte-
Bonheur, le gage de notre idylle, le témoin de nos rencontres et le pacte de
notre bel avenir.

Ce soir-là...

Ah! que j'aime à me le rappeler!

Ce soir-là... souviens-toi, souvenons-
nous-en...

C'était à la mi-septembre.

Et la belle soirée n'en finissait plus de se
parer pour se rendre au Bal de l'Automne!

Il y avait des étoiles muettes, des pas-
sants très sages et nos cœurs qui battaient, qui battaient...

Nous parlions à peine afin de ne pas
rompre l'extase entreprise.

Et comme d'elle-même, l'auto s'engagea
sur cette rue, dans cette rue qui, une
heure plus tard, devait devenir NOTRE
RUE!

Je ne te l'ai pas encore avoué, mais cette
rue fut aussi celle de mon enfance.

Je n'étais encore qu'un gamin, oui, et
j'arrivais de mon village natal. Et c'est
par elle que j'ai découvert la grand'ville,
un jour de septembre comme celui-là.

Le destin nous entraîne parfois par la main, comme tu vois...

Ah! oui, cette rue, NOTRE RUE, celle de l'affirmation de notre Grand Amour est la plus belle rue du monde! Et puis l'auto s'arrêta... et puis il y eut tout le reste...

Quand même, il m'en a fallu du courage et de l'audace, ce soir-là, pour risquer ainsi la Paix de toute mon existence. Tu avais toi-même un peu peur, avoue-le... C'était une sorte de trac très soyeux qui nous prenait à la gorge.

Nous avons pris place à la petite table, en silence, près de la fenêtre close, notre table! Nous avons commandé un verre... Et puis là, je t'ai ouvert tout grand mon cœur en t'offrant ma vie:

— Oh! une toute petite place dans la tienne. Tu en feras ce que tu voudras. Si non, **donne-moi seulement la permission de t'oublier!**

Tes beaux yeux à reflets ont alors fixé les miens?

Nous nous sommes serré très fortement la main, émus, comblés, dépassés...

À cette minute-là, j'ENGAGEAIS tout

mon passé, mon présent et le reste de mon avenir. Tu t'en rendis bien compte, allez!

Mais cet aveu, tu l'attendais, tu le souhaitais... en y répondant de tout ton être après l'avoir inconsciemment provoqué.

À cette heure-là, tu as fait de moi le plus heureux des hommes de la terre!

Pour la première fois, j'ai soudainement senti que le bonheur pouvait être quelque chose d'insupportable, d'insurmontable!

Dans l'auto, au retour, c'est TOI qui as déclaré:

— QUE CETTE RUE EST BELLE depuis quelques minutes... jamais elle n'a été aussi belle!

Ce soir, comme tous les soirs depuis ce fameux soir, j'y pense longuement et non sans langueur...

Quand tu n'es pas là, seul, pensif et rêveur, j'y viens rôder quelquefois à la fin du jour... mais personne, personne ne remarque ce drôle de fou qui erre ainsi en traînant le trop-plein de son amour comme on porte un nouveau-né au baptême.

Vendredi, l'as-tu oublié, la RUE de notre Amour aura un mois!

Si nous y retournions? C'est vrai, j'aimerais y retourner avec TOI...

Mais d'ici là, n'oublie JAMAIS la promesse, TA promesse, celle que je me permets de te rappeler ici, dans ce billet. Alors voilà, si un jour tu ne m'aimes plus, je voudrais que tu ne me le dises pas. Tu n'auras pas à inventer des raisons, à trouver des excuses, à te perdre en motifs...

Non! Tu n'auras pas.

Tout se fera beaucoup plus aisément.

Tu m'écriras ou tu me téléphoneras pour me dire tout bonnement de ta belle voix que je respire:

— Tu sais, depuis quelques jours, la rue, NOTRE RUE, eh! bien, je crois qu'elle est un peu moins belle!

Alors j'aurai compris. Je déposerai quelques violettes devant ton portrait: Ça voudra dire ADIEU!

Et nous nous quitterons en souriant, comme nous sommes venus. Moi, bien sûr, je continuerai à t'aimer, du moins un peu de temps encore, qui sait...

Ainsi entre nous, il n'y aura pas eu de ces mensonges, de ces disputes avec les mots qui font mal; entre nous, il n'y aura eu que de la clarté, que de la beauté!

Et notre Bel Amour finira comme il aura commencé: par un bouquet de violettes, piqué au cœur d'une RUE SANS FIN!

AU TÉLÉPHONE

— Mais oui, je t'AIME toujours! — Je
t'aime même de plus en plus... Pourquoi cette question? Je te jure que...

— ...

— Mais non, mais non! — Écoute —
On dirait que tu ne veux rien entendre ce matin — Écoute... je... — On
n'est quand même pas pour se dis-
puter... j'allais dire pour si peu. —
Jamais! Il n'y aura jamais de vraie
dispute entre nous. — Bon — Nous
sommes un peu malheureux d'être

trop heureux voilà…

— …

— Je ne t'accuse pas, chère, c'est TOI
qui… — Mais non, je t'assure — Tu
te fais des idées! — Tu te fais des
idées et tu renverses les rôles — Ben,
avec tous ceux qui t'entourent…
c'est moi… c'est moi qui devrais être
jaloux parfois et, je ne le suis pas.
Alors… — Avec TOI je pense que je
ne le serai jamais, d'ailleurs!

— …

— Mais que veux-tu que je te dise? —
Je ne pouvais pas être avec TOI
puisque j'allais, je courais vers TOI!
— Moi non plus, je ne comprends
pas — Tu n'as pas le droit de douter!
— J'ai l'impres… j'ai l'impression
qu'il y a un malentendu? — Je
t'AIME! Ah! oui! pour la vie. Alors,
les autres… les autres, tu sais!

— …

— Il n'y a plus rien qui compte pour
moi en dehors de TOI. Pas une fois

depuis un mois je ne suis entré dans
le sommeil sans prononcer plusieurs
fois ton nom à haute voix comme
pour un rosaire — Et tous les matins, tous les matins à mon réveil
c'est ton cher visage que je retrouve
dans ma tête, dans mon cœur et
même dans la blancheur du plafond.
— Oui!

— ...

— Fou! On l'est toujours un peu quand
on aime, non! — Je te répète que je
n'étais avec personne puisque je
devais être avec TOI! — Je n'ai plus
personne dans ma vie et tu le sais
bien. — Même mes amis... Ben, ils
ne me reconnaissent plus.— Hé!
faut voir comment je les rabroue...
— Mais au téléphone! — Justement,
je n'ai rien à leur dire. Alors je les
prie seulement de raccrocher en
vitesse.—Mais pour que ma ligne
soit libre, mon Amour, pour ton
coup de téléphone à TOI, voyons!

— ...

— Hier soir! Mais je ne pouvais pas te
téléphoner puisque je m'évertue à te
dire que je n'étais pas à la maison,
puisque j'étais...

— ...

— Alors j'ai attendu. — Mais sur le
trottoir, comme... — Devant notre
petit restaurant, même que... — Je
me faisais un de ces mauvais sangs:
un accident est si vivement arrivé,
mon Dieu! — Tu conduis bien, d'accord, mais il y a les autres et les
autres...

— ...

— Tu penses! — Je me suis jeté à la
tête de deux femmes comme un
vampire! — Mais non je n'avoue
pas, j'explique, je t'explique!—De
dos, l'une d'elles avait ta démarche
et surtout un petit imperméable
beige... — Comme le tien, oui! —
Justement... — Je devais être surex-
cité?—Que voulais-tu que je dise...
ce qu'on dit dans ces cas-là, bien sûr:
«Excusez-moi, Madame, je vous

avais prise pour une autre.»— La
formule est assez usée pour ne pas
être prise au sérieux...

— ...

— Mais non, je n'étais pas fâché, parce
que je ne le serai jamais avec TOI.
— J'étais déçu, surtout inquiet... —
J'ai tenté de te téléphoner à trois
reprises, au moins, en rentrant. —
Sans relâche... désespérément! —
Ah! oui, j'ai connu cela plus que
TOI, plus que n'importe qui: juin,
juillet, août... — On est là dans le
noir face au téléphone mort et on
veut mourir avec lui! — Parce qu'à
force d'attendre... on devient ha-
gard... c'est à se rouler par terre. —
Mais, pourquoi, pourquoi n'étais-tu
pas à notre rendez-vous, dis???

— ...

— Quel jour nous sommes? Mais...
mercredi! — Mercredi... ah! mon
Dieu! — Tu as raison c'était, c'est
pour ce soir... Et c'est hier soir que...
Je suis vraiment impardonnable:

87

pardon mon AMOUR! UN FOU...
mon pauvre petit, tu aimes un fou!

DÉPART

PARTIR...
Partir par toi, pour toi, avec toi!
Partir avec... NOUS!
Partir, oui, n'importe comment, pour n'importe où, avec n'importe quoi... pourvu que ce soit avec TOI!
Ah! oui, partir ensemble TOI et moi, ensemble TOI et NOUS... partir au bras de notre intimité enfin retrouvée.
Partir enfin... partir seuls... sans regarder ni en arrière ni par devant... partir, simplement en souriant, main dans la main, le cœur à l'envers et l'âme à l'endroit.

PARTIR avec nous deux pour aller ailleurs, pour aller là-bas, au-delà de notre ici, plus loin encore de tout ce qui fut nous-mêmes jusqu'à ce jour.

PARTIR ainsi, sans laisser d'adresse, partir comme cela, un soir, un matin, une nuit... en présentant à toutes les frontières de l'espace le passeport de notre amour.

Alors, tous les douaniers du monde seront aussitôt sympathiques à notre fuite quand nous répondrons à leurs questions:

— Qui êtes-vous?

— L'AMOUR!

— D'où venez-vous?

— DE L'AMOUR!

— Où allez-vous?

— VERS L'AMOUR!

— Rien à déclarer?

— OUI, DE L'AMOUR!

Et tous, du premier au dernier, nous ouvriront leurs barrières afin que nous puissions soustraire notre Bel Amour à tout ce qui lui était étranger jusque-là, afin que nous puissions l'enfouir dans ces lieux secrets où les cœurs n'ont plus à rendre de comptes, où les corps peuvent s'unir à loisir en dehors de toutes les lois du «comment», du «pourquoi», du «quand» et du «combien».

PARTIR, afin de donner à nos deux vies des décors tout neufs, des paysages à la mesure de la grandeur, de la puissance et de la noblesse de leur amour.

Ce jour-là, tes chers yeux, je les verrai alors s'émerveiller aux splendeurs des Vieux Mondes, ces mondes anciens où d'autres — comme nous et bien avant nous — sont venus s'aimer, s'abreuver, se reconstituer, s'épanouir et s'éteindre en prononçant tout bas leur nom. Oui, PARTIR avec nous deux!

Pour TOI, âme de mon existence, je tracerai un sillon d'argent entre les deux Rives... j'allumerai une étoile d'or au cœur de l'horizon... je tendrai des banderoles d'un nuage à l'autre... je t'ouvrirai toute grande la porte de mon Paris en disant:

— Voyez, je vous l'emmène!

Alors, commencera pour NOUS le plus beau des voyages, ce pèlerinage de tout ce que j'ai aimé avant TOI, à force d'être seul, ce pèlerinage que je te préparais avant même de te connaître, sachant déjà que tu finirais bien par arriver un jour.

Ainsi, en cours de route, je ferai couler pour TOI les fontaines de Rome. Je demanderai aux œillets de Nice et aux mimosas de Monaco de t'embaumer en irradiant tes yeux. Je ferai éclater tous les parfums de Grasse et tous les champagnes de France et de Navarre... Pour Toi, je rendrai encore plus somptueux les Châteaux de la Loire et les jardins de Versailles, en dessinant une croix gothique dans le Ciel!

Et puis, quand nous serons las, nous nous arrêterons dans une petite auberge provençale — Eze ou Gourdon — nous nous arrêterons un moment afin d'abriter notre insatiable itinéraire.

Et là, je t'AIMERAI!

Et là, NOUS nous aimerons...

Je t'aimerai de m'aimer un peu de m'aimer encore...

Je t'aimerai d'aimer tout ce que j'aime, tout ce que je n'aime pas, tout ce que j'ai aimé en t'attendant, tout ce que je n'ai pas aimé avant que tu ne sois là.

Les gens qui nous verront ainsi passer seront émus. Et ils se diront certainement:

— Mais qui sont-ils? De quel astre lointain viennent-ils? Il y a tant de pureté et d'amour vrai dans leur regard, qu'on dirait des êtres irréels en route pour la félicité céleste!

Ils seront émus, attentifs, sages, mais ils ne sauront pas!

Ils ne sauront pas, ils ne sauront jamais que les plus GRANDS AMOUREUX de la terre étaient de passage parmi eux ce jour-là, en visite, afin d'apprendre aux autres habitants de cette planète ce que c'est AIMER! PARTIR, oui, afin de nous réunir! PARTIR... pour mieux nous entretenir, pour mieux nous reconstruire, pour mieux nous REVENIR!

MERCI!!!

MERCI!
Merci à TOI
Merci pour TOI
Merci par TOI
Merci avec TOI
Merci pour... NOUS!
Merci de m'avoir fait ainsi entrevoir ce
coin de Ciel où très peu, où si peu d'humains ont accès.
MERCI!
Merci d'incarner avec tant de magnificence l'Âme-Sœur qui vint alors que je
ne l'attendais plus au sein de cette con-

trée vide où je n'étais plus qu'un vague errant au bras de sa solitude inassouvie.

MERCI!

Merci de m'avoir ainsi donné plus de bonheur en quelques semaines que m'en avaient donné tous ceux que j'ai connus avant, connus, rencontrés, aimés et oubliés en ces excursions de vie sentimentale.

MERCI!

Merci de m'avoir rendu meilleur, plus charitable, plus humain et moins vulnérable.

MERCI!

Merci pour ta divine présence, pour ces yeux qui sont les deux phares de mon nouvel horizon, pour ce cœur qui est devenu le mien, pour ce visage qui efface toutes les laideurs quotidiennes afin de mieux faire rejaillir la beauté des êtres et des choses dès qu'il m'apparaît et me revient...

MERCI!

Merci pour ton âme de cristal qui se confond maintenant dans la mienne et à tout jamais, pour le meilleur comme pour le pire!

MERCI!

Merci pour toutes les joies retrouvées et insoupçonnées, joies auxquelles j'avais pourtant appris à renoncer.

MERCI!

Merci d'avoir illuminé le présent en magnifiant l'avenir, cet avenir, notre avenir, celui qui n'appartient plus maintenant qu'à nous DEUX.

MERCI!

Merci d'avoir réussi à poétiser tout ce passé affreux que j'avais sur les bras et que je parviens, depuis que tu es là, à ensevelir un peu plus dans l'infini, tout comme on fait avec un ami d'enfance que l'on est bien obligé d'oublier, après la mise en terre.

MERCI!

Merci de m'avoir fait entrevoir le merveilleux lointain de ces nouveaux voyages déjà entrepris au-delà de tout notre quotidien.

MERCI!

Merci pour avoir remis en question, chez moi, l'explication de la Foi, la signification de la Paix et l'existence de la Mort!

— Seigneur, comme on a besoin de s'accrocher à ton Ciel quand on redoute la séparation terrestre!

MERCI!

Merci de m'avoir redonné Dieu!

MERCI!

Merci de m'avoir fait connaître ici-bas l'immortel ROSAIRE DE L'AMOUR!

TA MAIN

METS TA MAIN DANS LA MIENNE!

Tu vois, c'est l'hiver, déjà.
Déjà, il a rapproché nos deux cœurs et
refroidi nos mains.
Déjà, il a blanchi nos plus chers sou-
venirs.
Déjà, il a fait frissonner ta belle âme
d'enfant pure.
Ne prends plus froid!
Réchauffe-toi en moi...

METS TA MAIN DANS LA MIENNE!

Quand j'ai vu tes yeux pour la première fois, souviens-toi, dans les plaines endormies, il neigeait déjà sur nos deux vies.

Il neigeait déjà sur nos deux passés, quand j'ai aperçu ton visage pour la première fois.

METS TA MAIN DANS LA MIENNE!

Et puis, il y eut le printemps?

Et puis l'été est venu...

Et ce fut bientôt NOTRE AUTOMNE: celui qui devait si intimement nous réunir.

Ah! comment, comment ne pas s'en souvenir à travers tout ce blanc!

METS TA MAIN DANS LA MIENNE!

Ce matin-là, ne m'avais-tu pas dit que la neige, cette saison, serait bien différente pour toi, plus blanche, plus...

Et le lendemain il neigeait à profusion sur nos deux âmes!

Jamais, ma foi, il n'avait autant neigé à la fois, jamais il n'avait autant blanchi...

JE T'EN PRIE, METS TA MAIN DANS LA MIENNE!

Un peu mélancolique, le soir même, je t'avouai: «Tu avais vu juste, mon Amour; mais comment ne pas s'interroger à la pensée que cette neige vient d'ankiloser notre cher automne dans l'infini des temps, le cher automne de notre rue sans fin...»
Tu m'as alors répondu:
— Qu'importe, puisque pour NOUS il y en aura d'autres... puisque des souvenirs de porcelaine nous nous en moulerons d'autres, par milliers!
Et voilà...
Dejà, je t'ai aimée à toutes les saisons.
Je t'ai aimée, TOI, en hiver, au printemps, en été, en automne, en hiver... éternel et bienheureux recommencement, précieuse et exaltante continuité!

METS TA MAIN DANS LA MIENNE!

Un jour, mon cher Amour, il neigera sur tes cheveux.
Un jour, il neigera sur ton corps.

Un jour, il neigera sur ton âme.
Un jour, il neigera peut-être sur notre...
Amour?
Mais jamais, jamais tu entends, jamais
l'hiver ne pourra nous atteindre tout à
fait... jamais, jamais il ne pourra attiédir
notre douce et bienfaisante intimité.

LAISSE... LAISSE TA MAIN DANS
LA MIENNE!

DEUX CŒURS

Deux cœurs dans un seul corps, est-ce
trop?
Dis?
Dis-le-moi, TOI!
Est-ce trop… deux cœurs?
Dis-moi ce que j'ai besoin de savoir...
Dis, m'Amour, est-ce que tu crois que
l'on peut vivre et survivre avec deux
cœurs?
Ce soir, avec ton cœur dans mes bras, je
pense à tous ces cœurs que l'on greffe
dans des poitrines étrangères. Je pense à
ceux-là et aux autres, à tous ceux qui

s'accrochent désespérément à la vie à cause du cœur promis.

Moi, je m'accroche à TOI!

Désespérément!

Est-ce que j'ai tort ou raison?

Moi, de m'accrocher ainsi à ton cœur, est-ce que je survivrai longtemps?

Deux cœurs dans une seule peau, c'est beaucoup, c'est lourd, c'est énorme! Est-ce trop?

Je m'en inquiète ce soir, plus que jamais. Sans doute parce qu'en ce jour j'ai eu une nouvelle occasion de beaucoup t'aimer, de t'aimer davantage! Ton cœur à côté du mien, mon cœur dans le tien, mon cœur par-dessus le tien...

Tous ces cœurs que l'on greffe ainsi au hasard, toutes ces histoires de cœur, tu sais...

Avec deux cœurs, oui: celui que l'on possédait en naissant et qu'on n'a plus parce que quelqu'un est venu nous le prendre... celui qu'on aura pour mourir parce que quelqu'un nous aura donné le sien... Un cœur: quel beau cadeau à recevoir!

Moi, je m'accroche désespérément au

tien parce que je sais qu'il est encore tout neuf.

Le mien, celui que tu es en train de réparer était si abîmé!

Le tien, celui que je viens de greffer au mien n'a que quelques écorchures.

J'ai greffé ton cœur au mien.

Oh! l'opération ne fut ni pénible, ni difficile, bien au contraire.

Cela s'est fait tout simplement, un soir de tendre épanchement, dans une rue sans fin, sous un ciel d'automne lui-même amoureux...

Cela s'est fait tout doucement, à cause de tout ce ciel qui illuminait tes yeux, à cause d'un geste réciproque, d'une main tendue, d'un sourire invitant, d'un amour tout prêt à se donner...

J'ai ton cœur greffé au mien, mon amour!

Je t'en supplie, ne va surtout pas le rejeter!

À moins que...

Et puis, non!

Car il y aura toujours quelque chose de plus fort que la science, de plus fort que la vie, de plus fort que la mort:

L'AMOUR!

Quelle était donc cette chanson qui parlait ainsi de cœurs? Attends que je me souvienne… Ah! oui, ça me revient: elle était signée de Fontenailles:

«Le Cœur que tu m'avais donné
Ma douce amie en gage
Ne l'ai perdu, ni détourné
Ni mis à fol usage
L'ai mêlé tant et tant au mien
Que je n'sais plus quel est le tien»

POURQUOI?

POURQUOI?
…pourquoi tant d'amour ici, en nous, et si peu d'amour ailleurs!
Pourquoi tant d'amour ici dans nos deux cœurs et tant de haine, ailleurs, dans ceux des autres!
Je me le demande…
Depuis quelques jours, je me le demande en pensant à TOI, à NOUS, à tout cet amour qui illumine nos deux vies depuis des heures et des jours, à chacune de toutes ces secondes qui nous permet d'allonger le temps alloué.

Pourquoi?

Pourquoi les êtres humains n'ont-ils pas tous dans leur cœur cette fleur d'amour et de tendresse qui permet tous les pardons, toutes les excuses, toutes les édifications, toutes les espérances?

Pourquoi?

Pourquoi toutes ces mains tendues vers l'adversité et tous ces rictus amers et sans lendemain!

L'amour devrait être partout, chez tous, en même temps, à la fois...

Afin qu'il n'y ait plus de révoltes, mais que des sourires collaborateurs et que des bras chaleureux!

Pourquoi!

Pourquoi tant d'amour en NOUS, chère Âme de mon existence et si peu ailleurs, alentour...

Depuis quelques jours je me le demande en voyant le désastre de toutes ces tueries inutiles et ce vil courant de haine? Quel inexplicable besoin de faire du mal et d'abîmer?

Pourquoi!

Comme ils doivent être malheureux et esseulés et abandonnés et perdus ceux qui, ainsi, sans raison charitable et humaine en dépit même de la loi de la Relativité, ceux qui avec leurs mains froides manient ces engins meurtriers!

Elles sont destructives et inutiles?

Notre amour est nécessaire et constructif!

Mon AMOUR, aimons-nous, tant et tant et doublement, sans perdre un seul instant et à jamais...

Aimons-nous pour tous ceux qui n'ont que la haine du prochain en partage en étant les propres prisonniers de leur faux sens de la liberté.

La vie aurait peut-être pu les sauver?

La mort aurait peut-être pu les sauver?

L'AMOUR aurait peut-être pu les sauver?

Moi, j'ai trouvé un cœur, le tien; eux n'ont que des armes inhumaines dans leurs bras stériles.

J'ai sûrement eu plus de chance qu'eux: merci mon Dieu!

Pourquoi!

Je ne le sais pas... je ne le saurai jamais...

Je sais, par exemple, qu'ils auraient pu apprendre l'amour, connaître l'amour,

multiplier l'amour... si seulement ils
avaient vu tes yeux et bu ton cœur.
Je t'AIME!
Je les plains!
Je nous aime!
ET CETTE FOIS, JE SAIS TROP
POURQUOI!

NOTRE HEURE

Quelle heure est-il?
Et si tu n'allais pas venir à notre rendez-
vous!
Si... un contretemps est si vivement
importun.
Et je tremble soudain à la seule pensée
que, peut-être, des fois... on ne sait jamais?
Un cœur se perd parfois dans la foule,
sans le prévoir, à son insu.
Et une rencontre est si vivement...
Je tremble, oui, à la pensée que tu ne
pourrais plus me rejoindre, pour une rai-

111

son ou pour une autre, et cet état d'âme en me crispant me fait apprécier davantage tout ce que NOUS sommes.

Je tremble bêtement...

Mais, Amour chéri qu'il est doux et réconfortant de trembler ainsi, le trac au cœur et le frisson dans la peau, pour ce qu'on chérit le plus au monde.

Oui, la vie perdue doit être celle qui ne tremble plus pour personne!

Quelle heure est-il?

Toutes ces minutes qui passent et repassent, en nous séparant, nous lient davantage, parce que je t'AIME, parce que tu m'aimes, parce que NOUS sommes ce DEUX qui ne fait plus qu'UN parmi tous les autres... les autres qui ne savent même plus l'heure qu'il est, l'heure qu'il fera, l'heure qui ne les réunira jamais plus.

Et je n'aime pas les autres.

Et je n'aime plus les autres.

Depuis que TU es moi, je n'aime plus les autres parce qu'ils ne t'ont jamais aimée, aimée assez, aimée trop!

Je t'AIME!

Je t'AIME tout le temps, à toutes les

heures, à chacune de toutes les heures, quelle que soit l'heure qu'il est et qu'il sera...

Et j'aime t'aimer, et je t'aime de t'aimer, et j'aime t'aimer parce que t'aimer me fait davantage aimer tout ce que j'aime, tout ce que j'aimais un peu, tout ce que je n'aimais pas assez avant TOI.

Quelle heure est-il?

TOI, oui, je t'aime à n'importe quelle heure sans savoir pourquoi.

D'ailleurs, on ne sait jamais pourquoi, quand on aime un jour...

Le matin on se lève en sifflotant, libre comme l'air libre comme jamais et, cinq heures plus tard, c'est le coup de bambou: sur la tête, sur le corps, sur le cœur!

On ne sait pas encore très bien ce qui nous arrive... on AIME!

Ce que l'on sait, par exemple, c'est que c'est ÇA! c'est que c'est LÀ!

Et bon et fort et doux et angoissant et définitif!

Ce que l'on apprend à savoir alors c'est que TOUT CELA régit tout un passé, tout un présent et tout l'avenir d'une vie qui ne demandait plus rien, mais qui se voit transformée comme pour un GALA, l'étincelant et périlleux GALA DE L'AMOUR!

Ce que l'on sait, par exemple, c'est que RIEN ne compte plus que ce visage, que ce cœur, que cette âme, que ce corps et que ces mains mille fois adorées.

Quelle heure est-il?

Tout cela, vois-tu, on le garde pour soi. On le range en soi afin que personne n'y touche, afin de refermer les bras là-dessus, le cœur au garde-à-vous et l'âme en veilleuse.

Tu as bien bien dormi!

Quelle heure est-il?

Tu arrives enfin… voilà que tu me reviens!

Quelle heure est-il?

L'HEURE DE L'AMOUR, DE NOTRE AMOUR!

PARDON!

PARDON!
Pardon dix fois, pardon cent fois, pardon mille fois...
Oui, pour n'avoir pas su regarder tes yeux à temps, je te demande humblement pardon!
Je n'aime pas l'humiliation sentimentale, ne pouvant supporter la faiblesse des cœurs qui se vautrent et pourtant, pourtant, avec TOI, je suis si vulnérable, tellement prisonnier, à ce point dépendant... oui!

Et ce soir, à travers ce billet, j'éprouve le besoin de te demander pardon.

Tout simplement, comme on se confesse parfois dans le noir, parce qu'on a la foi, parce qu'on a le respect de ce que l'on croit, en ce que l'on aime.

Je t'AIME!

Et l'amour sous le joug d'une telle densité devient la lourde responsabilité de tous les instants, le geste d'un courage sans cesse renouvelé, le don entier de soi-même, entier et sans rémission.

Aimer, oui, demande tant de courage!

Et l'humaine délicatesse de toutes les secondes...

Et moi, je t'aime, TOI, je t'aime à TOI, je t'aime pour TOI, par moi, par TOI, sans moi et avec TOI, sans TOI et avec moi, envers moi et par-dessus TOI...

Avec tant de cœur!

Avec tout le cœur!

...au sein d'une spiritualité toute étoilée.

PARDON!

Oui, pour n'avoir pas su réchauffer ton cœur à temps, quand il était frileux et désœuvré, quand il sombrait dans la solitude, quand il réclamait la présence qui l'unit maintenant et à jamais.

PARDON!

J'étais ailleurs!

Tu étais là.

Et nous ne savions pas...

Et je ne savais pas: pardon!

Suis-je venu trop tard?

Plus je t'AIME et plus cette question m'angoisse; ah! seulement reprendre le temps perdu afin de t'offrir tout ce que je n'ai pas su ou pu te donner quand je ne savais pas, avant l'heure bénie où mon cœur vint embraser le tien!

PARDON!

Amour de mes jours et de mes nuits: pardon!

Pardon aussi pour avoir, au cours des derniers jours, douté de ta sincérité, de la profondeur de tes sentiments pour moi.

PARDON!

Oui, pardon, chère âme de mon âme.

Et nous voici de nouveau ensemble!

Et nous voilà de nouveau réunis.

TOI, moi et nous.

Nous et eux!

Eux qui ne savent pas, qui n'ont pas besoin de savoir que l'on puisse ainsi, dans un même élan de pâmoison infinie, demander pardon à ce que l'on chérit à l'affût de toutes les religions, parce que, justement, l'amour poussé à ce point-là n'a presque plus de sens, parce qu'il demeurera toujours le testament irrévocable de toute une vie, de deux vies soudées pour toujours l'une à l'autre comme peau et sang, comme fil et tissu.

PARDON!

Pardon pour toujours!

Pardon de t'aimer tant!

Pardon à TOI

...LA RAISON DE PLUS PUISSANT DES AMOURS COUPABLES ET RÉDEMPTEURS!

NOUS DEUX

Dans le soir d'hiver, ils vont par deux!
Ils vont par deux en se regardant dans les yeux.
Et ils n'ont pas vintg ans?
Et ils ne savent pas encore ce que c'est...
l'AMOUR.
Un jour, bientôt, ils sauront.
Alors, ils deviendront ou des goujats ou des adultes.
Le prix de l'amour, c'est cela: aller par deux un soir d'hiver pour mieux se retrouver SEUL, quand les vingt ans ont fui.
Oui, il y a d'autres yeux, mais ce n'est

plus pareil, ce n'est plus comme avant, comme aux premiers jours... ce n'est plus la même chose quand le cœur a trop aimé, trop souffert, trop vieilli...

TOI, je t'aime, parce que mon cœur a vieilli!

TOI, je t'aime, parce que c'est pour la dernière fois!

TOI, je t'aime, parce que je réside dans tes yeux, après avoir payé comptant le droit et le prix de l'amour!

Hier encore, en rêvant, tu me parlais de ceux que tu aimes en me confiant: «Moi, c'est pour la vie dans ces cas-là!»

Et je n'eus pas le courage de te demander si «pour la vie», c'était longtemps pour toi, si après, ce que tu pensais faire de moi, de NOUS, plus tard...

Je n'ai pas besoin de savoir, au fait!

Je t'AIME!

Et dans le soir d'hiver, nous allons par deux!

Nous allons par deux en nous regardant dans les yeux et dans l'âme.

Et nous n'avons plus vingt ans.

Et nous savons trop ce que l'amour signifie, ce que signifie notre AMOUR!

Amour adulte: le premier et le DER-
NIER.

Tu voudrais savoir pourquoi je t'aime?

C'est peut-être à cause de tous ces vingt
ans que tu me redonnes.

C'est peut-être parce que nous allons
par deux par ces soirs d'hiver...

C'est sûrement parce que tu es TOI, à
cause de moi...

C'est sûrement à cause de toute cette
récompense sur l'immensité de notre
NOUS!

TOUJOURS!

JE T'ATTENDS!
Depuis longtemps
Depuis hier
Depuis demain
Depuis toujours!

Je t'attends depuis des ans, depuis moi, depuis TOI, depuis NOUS.

Je t'attends sans jamais cesser de t'attendre parce que depuis des mois je n'attends plus rien ni personne sauf TOI, sauf l'heure qui doit nous réunir de nouveau.

Je t'attends parce que je t'AIME!
…parce que j'aime t'aimer!
…parce que j'aime t'attendre!
…parce que l'AMOUR finira toujours
par nous remettre face à face.

Hier soir j'ai attendu!
De longues minutes, je suis allé de la
fenêtre au fauteuil, du fauteuil au téléphone, du téléphone à la fenêtre et de la
fenêtre au palier!

Hier soir je t'ai attendue parce que nous
devions dîner ensemble... parce que je
n'en pouvais plus d'attendre après tous
ces longs jours de si cruelle séparation.
Et tu tardais à venir et les minutes s'ac-
cumulaient comme des menaces dont
on redoute l'échéance.

JE T'ATTENDS!
Depuis longtemps
Depuis ce jour
Depuis hier
Depuis cette nuit
Depuis demain
Depuis toujours!

TOI, je pense que je t'attendrai tou-
jours...
Afin de mieux vivre
Afin de mieux survivre
Afin de mieux mourir!

Hier soir je t'ai attendue... comme je le
faisais déjà à vingt ans, bien avant de te
découvrir.
J'aime t'attendre!
Surtout quand tu retardes...
parce que c'est à cet instant-là que je me
rends compte à quel point tu fais biolo-
giquement partie de ma vie, de tout
moi-même... à quel point j'ai peur de te
perdre...

Ah! si un jour tu n'allais plus revenir!
TOI, tu m'as fait battre le cœur plus que
de raison, plus qu'il n'en fallait, plus
qu'il n'en pouvait... et un jour c'est
uniquement pour TOI qu'il cessera de
battre tout à fait.
Car je t'attends!
Car j'aime t'attendre...
...puisque je t'ATTENDRAI TOU-
JOURS!

TRAHISON

VA... ET N'EN PARLONS PLUS!
J'ai toujours eu trop besoin de liberté, de
la liberté, de ma Liberté, pour te refuser
la tienne.
Et depuis quelques jours, je te sens ailleurs, avec l'autre!
Va... et n'en parlons plus!
J'ai toujours eu trop besoin de vérité, de
la vérité, de ma Vérité, pour accepter
plus longtemps la tienne.
Va... et n'en parlons plus!
Depuis quelques jours, entre TOI et
moi, il y a quelque chose de changé, une

sorte de danger qui n'est peut-être pas
encore la brisure, mais qui lui ressemble
étrangement, avec un relent de trahison
tout autour. Je le sais, je le vois, je le
sens...

Autrefois, en t'écrivant ces billets,
j'avais quelquefois le cœur gros...

Ce soir, il y a le goût des larmes!

Si je dois écrire de nouveau, ce ne sera
jamais avec des larmes, je te le jure, je
me le jure!

Je déteste trop le genre pleurnichard et
tu le sais trop bien: du cran, de la retenue et de la DIGNITÉ, surtout en
amour... combien de fois te l'ai-je assez
répété, m'Amie!

Cette vie n'est pas, ne sera jamais un
Conte Bleu et c'est pourquoi, vois-tu, il
faut se méfier des Histoires trop Belles
et des Romans Merveilleux.

Et je me méfie, moi, depuis... toujours!

Va... et n'en parlons plus!

Je te comprends et je t'excuse parce que
je t'AIME. Mais maintenant, j'ai peur
de la souffrance et je me suis toujours
promis que le jour où je devrai souffrir
par TOI, je le ferai loin de TOI, digne-

ment, en silence, debout, le front haut et le courage dans les poings. Et depuis quelques heures, je souffre par TOI, pour TOI, dans TOI, avec TOI, sans TOI, à côté et loin de TOI!

Va... et n'en parlons plus!

Tu as une âme d'artiste qui te fait passer du chaud au froid, de la tristesse à l'enthousiasme, du serment à la trahison, du don de soi à l'oubli... une âme qui se reprend aussi spontanément qu'elle se donne! Et moi, je ne serai toujours que l'accessoire sentimental, la bouée de sauvetage à l'heure de la tornade, celui qui attend le signal pour entrer et se retirer.

J'ai trop attendu!

Depuis cinq mois, je meurs à petits feux à cause de TOI!

J'ai même négligé ce que j'avais de plus précieux au monde: mon travail, les miens, mes amis, un enfant!

Va... et n'en parlons plus!

Pourtant, je n'ai ni le droit, ni le goût, ni le besoin de te faire aucun reproche. C'était entendu entre nous. Et lorsque tu parlais en faisant «nos» beaux projets d'avenir, souviens-toi, c'est moi qui te clouais le bec en te remettant sur le chemin de la prudence.

Non, je n'ai pas le droit de te faire aucun reproche... puisque c'était convenu entre nous depuis ce fameux soir de notre... RUE!

Mais depuis, il y a la trahison: reproche et confiance? Et vérité!

Va... et n'en parlons plus!

Mon cher Amour, je dois te l'avouer parce que j'ai toujours réclamé la plus grande franchise depuis que nous sommes NOUS... je n'ai plus confiance en TOI!

C'est cela qui est grave!

C'est cela qui nous conduit aussitôt vers... l'irréparable!

Ah! oui, cette manie candide et adorable et si cruelle à la fois que tu as de promettre, de promettre, de promettre et de MENTIR à ceux qui ne te demandent rien.

Cela te coince!

Alors pour t'en sortir, tu inventes, tu meubles, tu mens, tu MENS à un point qu'on est gêné pour toi... Depuis trois jours j'attends à en être malade. À cause de tes promesses. À cause de ton mensonge.

J'attends pour la DERNIÈRE FOIS sachant que dans une heure, au téléphone, tu vas de nouveau me romancer ton escapade irraisonnée.

On a le droit de plaquer l'être aimé; on n'a pas le droit de le plaquer sans un mot d'explication!

Va... et n'en parlons plus!

Tu vois que je disais vrai: il faut se méfier des histoires trop belles et des romans qui se veulent trop merveilleux! Je le sais, moi, car j'ai aimé avant toi et je n'aimerai jamais plus après toi!

VIENS... viens, et n'en parlons plus!

BRISURE

«Bon Appétit, Monsieur! »
Il y avait une telle ironie dans le ton de
ta voix, que je sentis soudain le sol se
dérober sous mes pieds.
Et je restai là, debout et pantois, dans
cette cohue du samedi soir si étrangère à
celle qui fit nos Samedis passés.
Je restai là, perdu, blessé, suspendu au
récepteur comme une épave en pleine
nausée.
«Bon Appétit, Monsieur!»
Comme tu as dit cela!
Tant d'amour, tant de souvenirs heu-

reux, tant de projets sains, tant d'espoir
et de réalité... pour en arriver là?

Et pourtant, tu aurais dû comprendre
alors que mon appel était un tel S.O.S...
et ma voix un tel cri d'amour!

Mais non: «Bon Appétit, Monsieur!»

J'aurais dû ne pas téléphoner.

J'aurais dû ne pas quitter cette table.

J'aurais dû demeurer auprès de ces amis
de rencontre...

Mais que veux-tu; ce fut plus fort que
moi.

C'était un samedi soir tellement peu
comme les autres, comme les nôtres,
comme ceux que nous avons partagés
ces derniers temps...

«Bon Appétit, Monsieur!»

Comme si je pouvais manger sans TOI,
manger et dormir et respirer et travailler
et vivre sans TOI!

Je crois que je n'oublierai jamais le son
de ta voix dans l'appareil... parce qu'il
était si peu de toi.

Mais à ce moment-là, que pouvais-je
bien faire, que pouvais-je bien répondre?

Alors j'ai raccroché afin d'aller rejoindre tout ce qui n'était pas, tout ce

qui n'était plus toi.

Et j'ai eu mal!

Et j'ai eu mal parce que j'ai immédiatement compris que tu ne m'avais jamais aimé.

Oui, tu as peut-être aimé l'IDÉE que je représentais pour toi: l'idée d'un amour vrai, sincère, éperdu, entier, reposant, confortable et éternel...

Mais moi, tu ne m'as jamais aimé.

Je n'ai pas été dupe, tu sais. On se paie parfois des illusions insensées mais dans ces cas-là, je crois qu'on conserve toujours une parcelle de lucidité.

Je ne t'en veux guère...

«Bon Appétit, Monsieur!»

Ce changement d'attitude, je l'avais prévu, je l'avais trop prévu — vois-tu — pour ne pas l'accepter comme un soufflet en plein cœur.

Disons que je ne le prévoyais pas si tôt, si subitement, de cette façon-là, puisqu'il était convenu que la plus grande franchise... Enfin, on se dit que ce sera pour beaucoup plus tard et voilà: «Bon Appétit, Monsieur!»

Voilà...

Déjà la fin d'un rêve extravagant, sans même le temps d'une dispute.

Nous deux, nous en sommes déjà rendus là, tout au bord de la BRISURE, seulement après cinq mois de douce et enivrante compréhension.

Et c'est ce qui est terrible!

Ce n'est ni de ta faute ni de la mienne mais nous avons de l'amour une conception si différente! Tu te souviens de notre avant-dernier téléphone? Celui du matin, oui. Je souffrais, je n'en pouvais plus, je crevais sans une plainte et tu as pris tout cela pour de la mauvaise humeur. Tu vois...

«Bon Appétit, Monsieur!»

Voilà...

À cette heure, je ne sais plus rien de toi, je ne vois plus rien de NOUS.

Que deviendrons-nous?

Que feras-tu de nous?

Nous traversons une bien dure épreuve, mon cher amour; elle nous brisera à tout jamais ou nous réunira de nouveau et pour toujours...

«Bon Appétit, Monsieur!»

— À LA BONNE VOTRE, MADAME!

ADIEU!

ADIEU!
Ce billet est le dernier...
le dernier et le plus vibrant de tous,
puisque de notre chère aventure, c'est
vraiment le soir et déjà, l'impossible
nuit!
Le dernier, oui, celui qui met fin à la
plus merveilleuse des Histoires d'Amour.
ADIEU!
Adieu... TOI!
Adieu... nous.
Depuis le premier jour, je savais que ce
billet il me faudrait te l'écrire un soir,

comme cela, sans façon, sans menace, sans cri, sans larmes... Tu vois, il faut qu'il en soit ainsi quand la raison prend le dessus, même sur le terrible abandon, l'incompréhensible trahison, l'intarissable chagrin.

Et tout cela parce que tu l'as voulu!

Et tout cela, parce que c'était écrit.

Certes, c'est un peu subit! Je savais... mais je ne croyais pas que cela allait se faire si vivement, enfin, de cette manière.

Et puis voilà il faut se dire ADIEU?

Je me rappelle, un soir, il n'y a pas si longtemps, je te parlais déjà de ce dernier billet, de ce billet de l'adieu. Et toi, tu me disais et tu me répétais presque avec révolte, que ce billet-là, je n'aurais jamais à l'écrire.

Et puis voilà...

ADIEU!

Jusqu'à ce jour, j'avais toujours pensé que ce mot affreux n'avait... n'avait de signification que pour autrui, que jamais, moi, je n'aurais à le prononcer à mon tour que... il est vrai que dans cette vie on n'a pas à le dire souvent et combien d'amoureux n'ont jamais eu, eux, à s'en servir, même dans la mort.

ADIEU!

Je t'AIME!

Regarde et écoute dans le lointain, c'est notre rue qui se plaint, qui te fait des reproches, qui sonne le GLAS! Nous n'y retournerons plus... je n'y retournerai jamais!

D'autres, après nous, feront peut-être comme nous, puisque les rues aussi ont leur destin; la nôtre est devenue celle des Adieux.

Je t'AIME!

Tu vois, je suis calme et courageux et sans remords, parce que ma faute à moi aura été de t'apporter un amour terrestre trop... céleste.

Les êtres, en général, ne demandent pas, n'ont pas besoin qu'on les aime à ce point-là; ils n'ont même pas besoin qu'on les haïsse...

Depuis cinq mois, je n'ai vécu que de TOI, que par TOI, qu'avec TOI, que pour TOI!

Rien ne comptait plus en dehors de toi. Je t'ai donné plus d'amour en ces

139

quelques pauvres semaines que ne pourront jamais t'en donner dans toute leur vie ceux qui ont voulu t'aimer, ceux qui ont fait semblant de t'aimer, ceux qui penseront ou essaieront de t'aimer.

ADIEU!

Un jour, et j'emprunte ces mots à Alfred de Musset: «Un jour, tu comprendras le prix d'un cœur qui vous comprend, le bien qu'on trouve à le connaître et ce qu'on souffre en le perdant».

ADIEU!

C'est parce que je t'aime plus que tout au monde que je me retire, que je te laisse au nom de ma vérité. Si je demeurais, je me sentirais indigne, indigne de tout cela, indigne surtout de l'amour, sentiment que je respecte entre tous.

Depuis quinze jours, tout n'est que MENSONGE!

Et je méprise le mensonge, parce que le mensonge n'est pas une arme propre, parce que le mensonge ne mène nulle part, parce que le mensonge ne porte pas chance, parce que le mensonge est le «Gardénal» de l'amour! Abuser de la foi de quelqu'un, tromper la confiance

140

de l'être aimé est la pire des cruautés car il n'est pas de plus grand crime impuni que celui de tuer une âme!

Je te pardonne!

Je te plains un peu...

Et puis, ce qui est fini est bien fini, à quoi bon s'interroger, se morfondre... Puisse tout le mal que tu viens de m'infliger ne pas retomber sur tes prochaines amours puisque c'est ce qui arrive habituellement.

ADIEU!

Je t'AIME! Et te disant adieu, je te demande encore la permission de t'oublier.

Par toi, avec toi, pour toi j'ai eu quelques jours de bonheur, de vrai bonheur: le souvenir en vaut bien un chagrin.

Je suis obligé de te dire adieu parce que tu ne m'aimes pas, parce que tu ne m'aimes plus, parce que tu ne m'as jamais aimé, parce que tu ne sais pas encore aimer, parce que tu ne sauras jamais aimer!

Mais, chère âme du reste de mon existence, sache que toujours, jusqu'à mon dernier souffle, la porte de mon cœur te sera tendrement ouverte.

D'ici là, tout ce que je demande à l'AUTRE, c'est de ne jamais te faire le mal que tu m'as fait? Demande inutile, puisque je connais l'autre et que... enfin, là n'est pas mon problème mais le tien.

Je me console en te quittant, en me disant que je ne suis pas ni le premier ni le dernier déçu de l'amour, sachant d'ores et déjà que parfois, souvent, tu ne pourras jamais t'empêcher de penser à moi, à nous.

Un jour, un soir, une nuit... quand tu auras mal à ton tour, quand l'autre te trahira, quand l'autre usera du même mensonge que le tien mais cette fois contre toi, quand il t'oubliera, quand tu voudras l'oublier à ton tour, quand tu auras mal à te cogner le front contre les murs, ce jour, ce soir, cette nuit... je sais que tu reviendras définitivement vers moi, abîmée à ton tour par l'amour.

Je me garde libre à jamais, pour t'attendre, te recevoir...

Tu viendras, tu arriveras, tu reviendras...

Alors je t'ouvrirai!

Tu reprendras ton fauteuil sans un mot et ta petite place à la table ronde, sous l'auvent rouge. Et je ne te poserai pas de questions. J'allumerai une bougie je mettrai le disque que tu aimes tant, je tendrai la peau de mouton sous tes pieds et je me ferai tendre comme pour le retour d'une malade ou d'un petit enfant perdu.

Nous parlerons de Beethoven, de Paris, de Péguy, de Renoir et de tous les autres aussi.

Nous parlerons de NOUS!

Adieu!

Adieu mon Amour!

Adieu mon Cœur!

Adieu mon Âme!

Adieu mon moi!

ADIEU MA VIE!

VENGEANCE

ILS sont tous là à me parler de toi!
Pourquoi?
Je ne le sais pas, je ne comprends pas
très bien...
Que cherchent-ils, que veulent-ils, eux,
qui ne savent pas, qui ne sauront jamais!
qui ne sauront jamais ce qu'est le vérita-
ble amour, le don d'une âme, la pureté
d'un épanchement sincère, l'expression
d'un idéal...
Qui ne sauront jamais ce que fut
NOTRE AMOUR! Ce n'est pas de leur
faute et je les comprends un peu dans le

fond; ils nous voyaient souvent ensemble...

À la petite école, dans nos familles, ici, là, ailleurs, partout... on ne nous apprend pas l'amour, on ne nous enseigne pas l'Art d'Aimer.

Tout n'est souvent que sexe...

C'est pourquoi il y a tant de cœurs stériles, d'âmes incomprises, de gestes solitaires.

C'est pourquoi il y a tant de vies perdues! Alors, quand ils voient passer l'amour avec l'amour à son bras, ils sont tout étonnés, dépassés...

Moi je suis de la vieille école et c'est sans doute ma façon d'être marginal.

On l'est toujours un peu quand on conserve le respect de l'amour à travers l'être aimé, l'autorité de certaines lois écrites et naturelles, le témoignage vivant d'un enfant.

Au fait, cette chanson de Jean-Pierre Ferland dit vrai en résumant bien ma pensée:

«Mais moi
J'aime encore ma femme
C'est fou

Je le sais
Des fois
Je me mets à rougir rien que d'y penser
C'est fou
Ce qu'on se sent démodé
Quand on aime depuis longtemps
La même femme
Pas besoin de me dire qu'aujourd'hui
Le cri du cœur ça ne s'écrit plus
Qu'il vaut mieux chiâler sur la vie
Que de la porter jusqu'aux nues
Je le sais»
JE LE SAIS!
Moi, je suis de la vieille école sur le plan
sentiments humains et toi, tu ne seras
toujours d'aucune école.
IlS sont tous là à me parler de toi!
Pourquoi?
Je ne le sais pas puisque maintenant tu
tiens si peu de place dans mon existence.
Ce que tu deviens, je le sais, mais...
Ce que tu deviendras, je le prévois déjà,
mais...
Au plus fort de la crise, quand il m'a
fallu renoncer j'ai cherché un certain
moyen de vengeance, que veux-tu, c'est
humain après tout.

J'ai cherché, comme cela, en pensant à tout et à rien afin de me délivrer de l'obsession.

J'ai cherché sans rien trouver car on ne devient pas méchant, vengeur et injuste du jour au lendemain, la vie se chargeant de nous rendre justice.

J'ai toujours cru au châtiment immédiat parce que j'ai toujours su que le bonheur nous était parfois rendu par ceux qu'on n'aimait pas, que le malheur nous était souvent donné par ceux que l'on aimait... parce que j'ai appris que toute faute contre l'être humain, le simple individu, se payait, devait s'expier sur-le-champ ou dans un avenir plus ou moins lointain.

Moi, je n'ai jamais eu rien à craindre, parce que j'ai toujours été de ceux — oh! il n'y a pas de quoi s'en vanter — qui paient comptant ou le bonheur ou le malheur occasionnels ou à demeure: tout le contraire de toi, mon si pauvre papillon, aussi volage dans ses idylles que sincère dans ses fugues.

Oui, au plus fort de la crise, j'ai cherché un moyen de me venger, pour te faire mal, pour te rendre la blessure, pour te sensibiliser à la balafre et je n'ai rien trouvé.

Mais le lendemain, apaisé, j'ai appris qu'on était en train de te faire facturer bien chèrement, bien trop chèrement, la note du faux bonheur auquel tu aspires maintenant, loin et en dehors de tout ce qui fut toi jusqu'à ce jour. Nul bonheur n'est possible quand d'autres doivent en assumer les frais!

Un jour on parle d'idéal et le lendemain on se vautre comme tu le fais depuis... pauvre vous, pauvre toi, va!

Ceux qui me parlent encore de toi font fausse route.

Ils me rendent mal à l'aise.

Ils me donnent le beau rôle: «Tu l'as échappé belle, hein!»

De notre brève aventure, j'aurai été le gagnant, le privilégié puisqu'elle m'aura enrichi pour le reste de mes jours.

Quant au reste, tout le reste, cela ne m'appartient guère.

Je ne veux plus qu'on me parle de toi.

Parce que si je n'ai jamais pu faire à personne l'injure de plaindre sans raison, je ne parviendrai jamais à employer l'inadmissible mot PITIÉ!

CŒUR

Le cœur, le tien, le mien, le sien, le nôtre...
Le cœur est un bien drôle de sujet!
Un jour il s'enflamme, le lendemain il se refroidit, une semaine plus tard il reprend sa course et finalement il se remet à vibrer quand il s'était pourtant juré d'oublier ou recommence à se taire quand il croyait pouvoir s'animer de nouveau...
Le cœur: un bien drôle de type, oui!
— Vous souriez, Madame? Parce que des souvenirs de ce genre, des sou-

venirs de trois sous vous en avez vous aussi? Comme moi, comme elle, comme lui, comme eux, comme tous!

On se dit donc que c'est fini et voilà que tout recommence.

On se prend alors à admettre intérieurement et presque malgré soi: «Mais, je l'aime encore!»

Et à la première rencontre fortuite on se dispute tout bas, en face de l'autre, tout en s'avouant: «Et dire que j'ai aimé cela! Pas possible? Je devais être malade ou...»

Le cœur est un bien drôle d'individu!

Pourtant, il y a plusieurs sortes de cœurs, vous le savez aussi bien que moi, non!

Il y a le cœur qui aime tout et qui n'aime rien.

Il y a le cœur qui prend tout et ne donne rien.

Il y a le cœur qui bondit pour un rien.

Il y a le cœur qui s'attriste pour un rien.

Il y a le cœur qui bat pour un rien.

Il y a le cœur qui n'est plus bon à rien.

Il y a le cœur qui se referme définitivement.

Il y a le cœur qui s'ouvre constamment.

Il y a le cœur qui oublie.

Il y a le cœur qui expie.

Il y a le cœur qui pardonne.

Il y a le cœur qui redonne.

Il y a le cœur qui joue.

Il y a le cœur qui s'en fout.

Il y a le cœur qui se venge.

Il y a le cœur qui se range.

Il y a le cœur qui détruit.

Il y a le cœur qui reconstruit.

Oui, un bien drôle de personnage, lui!

Et que faire d'un cœur?

Est-ce un cadeau à recevoir ou à offrir!

Ah! vous ne savez pas? Vous non plus!

Du moins pas encore.

Et si nous tentions une expérience tous les deux; je vous prête le mien et vous me passez le vôtre, d'accord? Juste le temps d'une escapade, d'une expérience: c'est si court une fin de semaine.

Ma proposition vous fait peur?

Et à moi donc!

Vous savez, je sors d'en prendre...

Vous aussi? Dites donc...

C'est quand même assez tentant comme jeu, comme gageure.

Le cœur est un bien drôle de sujet!

Un jour il... et le lendemain...

Toi je t'oublie de plus en plus parce que ton cœur est une sorte de terminus qui ne sait jamais nous diriger vers la bonne station.

Moi j'oublie le mien parce que je n'ai jamais su monter ou descendre à temps.

Au fait, nous sommes toujours de bien mauvais voyageurs dans ces conditions-là.

Alors je te retourne le tien et je garde le mien?

Jusqu'au prochain tournant, jusqu'à la prochaine escale.

Ah! tais-toi, mon cœur!

— À DEMAIN, MADAME...

DING — DANG — DONG

Ding! Dang! Dong!
Et dans le ciel de mai et de juin, les
cloches sonnent à toute volée pour les
épousailles des «condamnés».
Les pauvres petits!
Ils ont vingt ans et ils ne savent pas.
Ils ont vingt ans et ils aiment l'amour le
seul adversaire qui n'abdique pas.
Ding! Dang! Dong!
sur un cœur de vingt ans, sur un cœur
d'enfant, sur toute une jeune vie...
Ding! Dang! Dong!
...sur de la jeunesse déjà handicapée,

sur de la liberté déjà hypothéquée.

Sous son voile blanc, elle sourit: «Le sourire de la mariée sur sa photo de noces est souvent le dernier». Dans son habit de faux gala, il joue les jeunes premiers endimanchés sans savoir que «le lit conjugal est souvent le poison de l'amour».

Personne n'a rien inventé, je le sais. Je sais aussi que les candidats au divorce s'alignent de plus en plus au bras du désenchantement.

Les pauvres petits!

Ils ont vingt ans et ils ne savent pas.

Ils ont vingt ans et ils aiment l'amour sans savoir ce que c'est: jeu de hasard qui les prend déjà à son piège...

Ding! Dang! Dong!

Ils sont tous là en cortège, le cortège des épousés de mai et de juin, le cortège des épousés-victimes, des épousés-condamnés, des épousés en série, des épousés à la chaîne.

Dans un an, dans deux ans ou bien avant, que deviendront-ils, que seront-ils devenus?

Les uns viendront grossir les rangs des

insatisfaits, les autres signeront leur mandat «bon pour le divorce».

Ding! Dang! Dong!

...sur deux vies ratées.

Marions-nous?

Et vogue la galère...

Au fait, tout n'est que formalité.

Et recommencement!

Et à chacun sa part de rêve et de désillusion.

Car l'amour réserve à tous ses surprises, ses plans, ses débits, ses crédits et ses aubes bénéfiques et maléfiques.

L'amour est un jeu honnête: il s'agit de savoir s'en servir. C'est pourquoi il y a et les bien-aimés et les mal-aimés.

Ding! Dang! Dong!

À chacun sa petite expérience...

Votre dernier billet, chère amie, devait me faire songer à toutes ces choses. Voyez-vous, le tout est de prendre un risque puisqu'il y a des bonheurs, si brefs soient-ils, qui vous régénèrent d'un seul coup parce que tout près, il y a les expériences qui vous vieillissent d'un seul coup. Donnant donnant donc! Il faut savoir risquer sans en faire un drame

157

puisqu'il y a toujours la possibilité, après l'échec sentimental, de pouvoir recommencer ailleurs, avec un autre cœur et pour d'autres yeux. Il s'agit de parvenir moralement à laisser à leur destin ceux qui ont cessé de nous aimer.

Ding! Dang! Dong!

Je serai sans doute de nouveau près de vous ce soir, enfin, je me permets de l'espérer.

Et qui sait!

Qui sait si demain, vous, moi...

Vous voyez, c'est parfois merveilleux de ne plus avoir vingt ans.

À cause des désillusions à jamais enfuies!

À CAUSE DU BOUCLIER ANTI DING! DANG! DONG!

PIANO

Un air sur ton piano.
Des fleurs sur ton piano.
Une photo sur ton piano.
Une chanson sur ton piano.
Un cœur dans un piano.
Toute la vie et tout l'amour autour.
Avec ce piano, j'aurai vécu des jours
merveilleux!
Sans ce piano, ma vie n'aurait certes pas
été la même?
Un piano, pour certains, ce n'est rien.
Un piano, pour d'autres, c'est tout!

Un piano qui jase, un piano qui se tait, un piano qui chante, un piano qui se plaint, un piano qui jouit, un piano qui renaît, un piano qui disparaît et souvent, il n'en faut pas plus pour faire une vibrante histoire d'amour.

La nôtre n'aura-t-elle vécu que l'espace d'un piano?

D'où me vient cette soudaine nostalgie!

Est-ce à cause de cet air composé pour nous deux ou à cause de ces fleurs déjà séchées?

Pourtant la chanson demeure et sur ce clavier traîne encore un cœur

Le nôtre!

Depuis, les souvenirs ont eu beau changer de visage, le piano ne se dément pas et il est là, inchangé, toujours le même.

Avec et sans toi, avec et sans nous.

Sur ton piano, j'ai découvert la musique, la vraie, celle qui vient de l'intérieur pour aller plus loin encore que la vie.

Sur ton piano, j'ai revu Ravel, Chopin, Schumann, Beethoven, Schubert, Mozart...

Sur ton piano, j'ai perdu un peu de ma jeunesse en retrouvant l'espoir et la foi.

Sur ton piano j'ai laissé mes regrets.

Sur ton piano j'ai écrit mes poèmes.

Sur ton piano j'ai entrevu des songes infinis.

Sur ton piano j'ai retrouvé la paix du cœur et la revanche de l'Amour.

Et les ans ont passé.

Et les années passeront...

Un jour, bientôt, nous serons encore un peu plus vieux, encore un peu plus abîmés, encore un peu plus guéris.

Et nos angoisses deviendront des souvenirs nouveaux.

Et nos fleurs n'auront plus le même parfum.

Et notre chanson sera symphonie.

Et mes poèmes seront devenus roman.

Et nos songes se changeront en réalité.

Et tu viendras!

Et tu reviendras dans cette maison où jamais la flamme ne se sera tout à fait éteinte.

Et tu reprendras ta place devant le clavier.

Et les témoins de nos vingt ans se feront les complices de notre vieillesse.

Mais notre amour demeurera le même!

Et notre chanson servira d'exemple aux autres.

Elle montera dans le soir paisible pour nous réunir de nouveau et pour toujours, pour l'Éternité.

Sur ton piano j'ai vécu un peu plus intensément!

Sur ton piano j'ai aimé un peu plus au-delà de toutes les proportions usitées.

SUR TON PIANO JE REVIVRAI TOUT CELA, LE SOIR OÙ TU NE PARTIRAS PLUS, Ô MA CHÈRE ET DOUCE COLOMBE!

JEUNESSE

ELLES vont par deux, par trois, par grappes, souvent seules!
Elles vont par couple, elles vont n'importe comment avec n'importe qui...
Elles s'affichent!
Elles affrontent!
Elles s'exposent!
Elles provoquent!
Elles s'enlaidissent à volonté pour prouver qu'elles font bien pitié?
D'être plusieurs ainsi, elles n'en sont que plus... SEULES!
Elles ont douze, quatorze, seize ans?

Mais elles n'auront jamais vingt ans!

À cause de leur maquillage outrageant, à cause de ce désœuvrement qui en font des petites vieilles... vieilles.

Et c'est cela qui est affligeant.

Pour nous!

Pour nous qui les croisons, qui les voyons passer, nous, les témoins impuissants de leur faillite, cruel résultat de la présente et tenace Bêtise Humaine.

Elles folâtrent à la recherche d'on ne sait trop quoi avec sur leurs bras leur pauvre jeunesse déjà condamnée d'avance.

Elles vont ainsi dans le métro de la ville, dans nos endroits publics et partout où il n'est plus possible d'aller autrement.

Ce sont de toutes pauvres petites filles!

Elles portent des «bleus» de mécanos qui ressemblent à des uniformes de forçats...

Elles se maquillent les yeux comme si elles portaient une maladie incurable, plus terrible encore que la lèpre.

Et ces pauvres yeux morts, ces pauvres yeux abîmés qui ne demandaient qu'à entretenir la pureté, elles les recouvrent de lunettes étranges qui font à leur tête de gosses mal aimées, des hublots ouverts sur la détresse humaine.

Elles portent en plus des boléros de cuir à la camionneur, tout ce qu'il y a de moins féminin... en plus de se décorer de médailles, des médailles maudites, abominables, qui les enchaînent comme des esclaves en accentuant davantage le nombril de la maternité qu'elles ne songent même pas à dissimuler, la virginité étant devenue pour elles une tare infâme et injustifiable.

Il faut être DANS-LE-VENT, n'est-ce pas?

Comme des épaves, ces pauvres fillettes s'accrochent à de grands gars effrontés et mal lavés aux cheveux longs comme ceux des poules de luxe portant jabots de dentelles et à frisons, atours des courtisanes d'un autre âge.

Elles se font embrasser en public, sans tenue, sans retenue, nous offrant des scènes inutiles qui ne seraient même pas permises à Pigalle.

J'en ai vu des scènes à Pigalle... Jamais par exemple comme dans le métro de

Montréal, ma ville... jamais comme sur l'emplacement de La Ronde jolie, certain samedi soir du dernier été...

Ces enfants, ces pauvres petits, ces chères et pauvres petites bonnes femmes n'ont donc pas de PARENTS! Parents de ces pauvrettes, comme je vous accuse, comme je vous renie, comme je vous...

Quand on les rencontre, ces pauvres enfants encore tellement enfants, on a besoin de les prendre par la main et dans nos bras afin de les emmener à l'abri pour leur faire prendre un bon bain d'eau physique et morale.

On a besoin de baiser leurs pauvres yeux et de les couvrir de mousseline blanche et de les parfumer à la lavande en les remettant dans leur état de femmes! Elles font tellement peine à voir!

Elles nous déchirent vraiment quelque chose en dedans...

Car dans leurs yeux sans âme, il y a tant de détresse, de peur, de défi, d'appel...

La sensualité a donc pris toute la place chez nos enfants?

Est-ce parce que nous ne les avons pas assez aimés?

Où vont, où vont donc les précieux et
pauvres vingt ans de ceux qui nous
REMPLACENT!

AMOUR ET MORT

Est-ce que l'amour fait mourir?
Est-ce que l'on peut vraiment mourir
par Amour, pour l'amour, mourir
d'amour?
Je me le demande... je voudrais bien le
savoir.
Devant certaines tombes muettes, je
m'interroge...
Je me le demande aussi devant certains
visages fermés qui vont dans la vie sans
un sourire, avec toute la tristesse du
monde dans leurs yeux au cœur désert.
Je me le demande devant certaines

169

nouvelles amours, parce que tout près, à côté, il y a les amours anciennes que l'on piétine sans se retourner, sans se soucier...

Elle était dans la fleur de l'âge et elle vient d'entrer au couvent.

Il était plein de vie avec ses beaux vingt ans dans le front et il ne sourit presque plus.

L'autre vient de se suicider sans une larme, sans un sanglot, sans un mot d'adieu.

Les uns restent, les autres partent...

Les premiers égrennent leurs jours un par un dans une sérénité qui étonne mais qui les conduit tout droit vers le renoncement définitif.

Les seconds partent parce qu'ils n'ont plus la force de rester, de s'accrocher, de figurer.

Mais tous ont perdu leur cœur dans l'amour.

Est-ce que l'on peut mourir d'amour?
Peut-être!

Je ne le sais pas... je ne le sais pas encore.

Quand je t'aimais de toute mon âme, à pleine vie, à plein cœur, envers tous et par-dessus tout...

quand je t'aimais plus que moi-même et au-delà de moi-même, je ne pouvais pas prévoir le jour où je devrais renoncer à toi, pour vivre seul, sans toi.

En imaginant la rupture, dans le temps, je tremblais intérieurement, redoutant le pire: saurai-je accepter, pourrai-je avoir la force de survivre?

Tu comprends, il y avait trop de NOUS autour de moi!

Et puis ce qui devait arriver arriva et voilà...

Déjà, tu n'es plus qu'un souvenir, un souvenir que je suis en train de remplacer?

Il y a quelques mois, pourtant...

Pourtant, je me suis ressaisi à temps et depuis, ton nom n'a même plus de traits dans ma pensée.

Si tu avais été autrement, qui sait?

Si tu avais été fidèle à la pure image que je m'étais fait de toi, qui sait?

Mais comme on oublie vivement les êtres qui ne semblent plus dignes de l'amour qu'on leur portait quand il nous reste un peu de dignité et d'amour-propre.

En nous brisant comme des pantins, quel énorme service ils nous rendent souvent, sans le savoir!

Toi, après t'avoir tant aimée, j'ai voulu te haïr. Mais quand j'ai compris, je t'ai presque remerciée de m'avoir, par ton revirement et ton attitude traîtresse, redonné la vie.

Vois-tu, on ne pleure vraiment longtemps que ceux qui le méritent!

Est-ce que l'on peut mourir par Amour?

Peut-être!

Je ne le sais pas et je ne veux pas le savoir, toute forme de lâcheté m'étant abominablement interdite. J'aurais bien pu mourir pour toi le jour où tu m'as laissé tomber sans un adieu, sans un mot, sans une menace…

J'aurais bien pu mourir d'amour, le jour où tu m'as si inconsciemment délivré!

Mais heureusement la vie a été la plus forte…

Elle m'a aimé plus que toi.

C'EST TA PLACE, LA VIE, QU'ELLE A PRISE DANS MA… VIE!

AMOUR PERDU

Je ne t'aime plus!
Je viens justement de l'apprendre, de
m'en rendre compte...
Je ne t'aime plus!
C'est merveilleux et regrettable à la fois.
C'est merveilleux, après avoir été en-
chaîné si longuement et sans raison,
merveilleux de se sentir à ce point libre,
soudain.
Vendredi dernier, en te quittant, j'avais
l'impression de voler bas, de m'élancer
dans une évasion sans prix parce qu'elle
vous fait du bien en dedans. Ceux qu'on

libère de Bordeaux ou de Saint-Vincent-de-Paul, doivent éprouver pareille sensation au matin du grand jour.

Je ne t'aime plus!

En marchant, en revenant, en rentrant... je n'avais pas besoin de me dire, de me répéter, de me redire la phrase souhaitée et tant espérée: elle était là bien en vue, dansant à plein ciel, bien en vue dans l'indifférence. C'était comme sur ces affiches au néon qui nous aveuglent un instant pour nous indiquer ensuite la route au tournant, en clignotant dans le noir: «Tu ne l'aimes plus»... «Il ne l'aime plus»... «Je ne l'aime plus»...

Chacun son tour!

J'ai eu le mien, tu auras le tien!

Heureusement que c'est comme cela, sinon la vie ne serait plus supportable. Et moi, j'ai toujours cru à la Loi des compensations: le bien ou le mal que tu fais te sera rendu tôt ou tard.

Moi, je peux dormir en paix maintenant. J'ai eu mon compte. Avec l'Amour je ne suis pas en état de dette. Mais, je ne voudrais pas être à ta place.

174

Oh! non… Je l'ai toujours dit qu'il était préférable de passer à la caisse avant de s'offrir du bonheur.

Afin d'éviter les surcharges, les taux d'intérêts.

Je ne t'aime plus!

C'est merveilleux et regrettable à la fois.

Regrettable, oui, pas autant pour nous deux que pour l'amour!

Regrettable…

Parce que j'aimais bien t'aimer, moi!

Avant.

Avant? Comme ça fait longtemps déjà!

Je ne voulais pas te revoir.

Je ne pensais pas te revoir.

Je ne souhaitais pas te revoir.

Sans doute parce que j'avais inconsciemment le soin de m'accrocher encore à une chimère? On est toujours tellement fou et compliqué dans ces cas-là. On cultive l'illusion à même son imagination. Et Dieu sait qu'elle vagabonde, la pauvre, qu'elle vagabonde…

Avant de te revoir, je te voyais comme avant, c'est-à-dire, avec tout le prestige dont j'avais entouré ton personnage. On pare tellement de bleu et de rose ceux qu'on aime! Et toi, je t'avais élevée si haut, si haut, au-dessus de tous les autres et dans un ciel à part.

Cet après-midi-là, tu dégringolais, tu dégringolais devant mes yeux tel un cerf-volant qui bat de l'aile dans sa chute pour aller se briser dans un lieu inaccessible. Tu dégringolais et tu te déparais. Tu te gâtais! Tu rétrécissais comme après un bon lessivage. Et plus tu te décousais et moins je t'aimais.

J'arrive de très loin, j'en ai bien l'impression. C'est égal, j'ai bien aimé t'aimer...

Je ne t'aime plus!

Enfin.

Je ne t'aime plus et le regrette car il y a maintenant un creux, une sorte de vide, un certain néant.

Alors voilà, il ne me reste plus qu'à te remercier pour le service rendu!

Lequel?

Ça tu le sauras à ton tour, le jour où à cause de l'autre tu N'AIMERAS PLUS!

L'AMOUR ET NOUS

L'AMOUR, on ne sait jamais comment ça vient, quand ça commence et quand ça finit?

On a beau être averti, avoir un passé, de l'expérience, des souvenirs, on ne sait jamais...

L'Amour, on ne sait jamais quand ça commence, quand ça s'en va, quand ça finit.

On a beau l'avoir connu, l'avoir vécu, on ne sait pas, on ne saura jamais!

J'en ai connu des gens qui...

Je t'ai bien connue, toi.

Et voilà que je ne sais plus.

L'amour peut nous tuer ou nous reconstruire, nous abattre ou nous rajeunir.

L'amour ne peut être que de passage.

L'amour peut aussi nous signer un bail à vie.

Et c'est là que le drame commence ou s'achève.

Nous, nous nous sommes quittés avant le drame.

Juste avant!

L'amour nous a aidés.

C'est vrai qu'on a toujours été si gentils et si prévenants avec lui.

Avec d'autres, pourtant...

Nous, nous avons été chanceux en somme. Mais il y en a d'autres...

Ne blague pas, j'en ai connus, te dis-je! Oh! cela se raconte très mal tu sais.

Et bien, elle avait vingt ans. Et elle faisait des rêves. Elle devait être assez belle, sûrement. Elle traversait le village sous son grand chapeau de soie sans jamais s'arrêter ou se retourner.

Les garçons de son âge la regardaient mais elle passait toujours tout droit.

Elle semblait vouloir aller toujours plus loin.

Oui, comme si elle était attendue à quelque mystérieux rendez-vous.

Et à force de passer et de repasser et d'attendre, il vint un jour, comme un vagabond de passage, celui qu'elle attendait depuis si longtemps.

Car, là, elle n'avait plus vingt ans.

Elle l'aima spontanément, de tout son être!

Elle s'accrocha à lui avec toutes les ressources de sa jeunesse en fuite.

Il s'en amusa.

Les années passèrent...

Il en abusa.

Elle l'aimait de plus en plus!

Il buvait comme cinq et elle l'aimait comme dix.

Vingt ans après, elle trouva le moyen de se faire épouser.

Elle, c'était déjà une demi-vieille

Lui, c'était déjà une sorte d'épave.

Ils se confondaient dans leur ombre.

Quand il tua, dans la nuit de printemps, elle resta debout près de lui, sans une larme, sans un cri, stoïque, son amour bien ancré dans le cœur et dans la peau, comme navire échoué ne pouvant plus sortir du récif meurtrier pour s'évader vers le grand large. Elle l'accompagna ainsi jusqu'à l'échafaud, sans baisser la tête, défiant tous les mépris.

Elle... l'aimant toujours, l'aimant de plus en plus, l'aimant encore plus après qu'avant.

Aujourd'hui, c'est une petite vieille toute rabougrie. Elle est devenue toute mauvaise, toute méchante, laide et méprisante.

Elle n'aime plus personne.

Elle a le cœur rongé par la haine, la rancune...

Elle ne peut plus aimer personne pour l'avoir trop aimé, lui!

Je remercie le Ciel de t'avoir sauvée parce que tu ne seras ni jamais laide ni jamais mauvaise.

Sans doute parce que tu n'as JAMAIS SU AIMER!

MENSONGE

Quand tu disais que tu m'aimais, tu
mentais!
Tu mentais!
Tu mentais et je le savais.
Je le savais...
Mais tu mentais si bien!
Tu mentais avec un tel aplomb, un tel
bon sens et tant de sincérité.
C'est ce qui est désarmant chez toi: cet
Art du mensonge.
Tu es devenue sincère à force de ne plus
l'être.
Tes yeux, à ce moment-là, prennent des

reflets changeants, mordorés.

Vrai, on dirait une télé-couleurs en mauvais état...

Pardonne-moi pour la comparaison, mais tu sais, avec toi maintenant...

Quand tu disais que j'avais pris toute la place dans ton existence, tu ne savais pas ce que tu disais. Et moi je le savais!

Je savais que tu ne savais pas...

Et d'un geste raisonnable, j'arrêtais les mots, les phrases, les serments.

Évidemment tu as tout oublié.

Enfin, tu fais semblant d'avoir tout oublié.

Mais dans le fond de toi-même, tu dois bien de temps en temps; on n'enterre pas ainsi et à jamais — même à la source d'un nouvel amour — tant d'heures d'intimité et de révélation commune.

Et tu continues de mentir!

Tu le fais si bien.

On n'est même pas gêné pour toi.

C'est d'ailleurs ce qui fait ta force, du moins pour un temps?

C'est sans doute ce qui fera un jour ton malheur, pour longtemps!

Car on ne joue pas avec le mensonge
sans qu'il n'en reste rien.

Surtout quand le cœur des autres doit
en faire les frais.

Et à combien de cœurs as-tu menti
depuis que tu mens?

Vaudrait mieux ne pas les compter,
hein; là encore tu trouverais le moyen
de mentir sur le chiffre...

Tu mens comme on respire...

Qu'est-ce que tu dois refiler à l'autre,
maintenant, comme mensonges!

Quand tu disais que nous deux c'était
pour la vie entière, tu mentais.

Tu me mentais!

Tu te mentais!

Tu mentais à l'amour!

Et c'est cela le plus révoltant!

L'amour est un bien trop précieux pour
en faire ce qu'on en fait dans ton milieu,
pour en faire ce que tu en fais!

L'amour c'est silencieux, docile, un peu
Roger-Bon-Temps.

On en fait ce que l'on veut?

Ça ne dit rien.

Ça ne peut rien dire pendant quelque
temps... Alors on s'en sert, on en abuse,

on en rit, on s'en amuse, on l'utilise à mauvais escient, avec les autres, sans les autres, contre les autres... L'amour se laisse faire et ne dit trop rien. Mais comme il y a des limites à tout...

Un beau jour, l'amour en a assez. Alors l'amour se lasse, l'amour n'en peut plus, l'amour se venge.

Et gare à ceux qui n'ont su le respecter à temps!

Quand tu disais que tu m'aimais, tu mentais!

Tu mentais à l'amour même!

Tu mentais avec cet art qui te caractérise à la ronde. Tu mens encore, parfois, en disant que tu es maintenant en plein bonheur avec l'autre; tes yeux n'ont jamais été aussi perdus: drôle de bonheur?

À mon tour je mens!

Je mentais quand, à la dernière rencontre, j'ai voulu te faire croire, en y croyant moi-même, que je t'avais tout à fait oubliée!

UN AN!

Il y a un an!
Comme je t'aimais il y a un an!
Quelle drôle de chose que le cœur humain...
Il y a un an, je t'aimais plus que tout au monde et voilà que je t'oublie de plus en plus.
Il y a un an!
Comme c'était beau, il y a un an!
Et voilà que tout se consume...
Il y a un an, il n'y avait que toi.
Il n'y avait que toi au monde.
Et voilà que maintenant il y a tout le

monde à travers toi, par-dessus toi.

Les premiers temps, tout de suite après la brisure, je crânais un peu, naturellement, je crânais même beaucoup.

On est tous pareils dans ces situations-là car il le faut, c'est nécessaire, utile, voire même obligatoire. On aime, on est pris par surprise, on se donne et quelque temps après on se rend compte que tout cela n'en valait pas la peine, que tout cela s'en va à la dérive.

Tout cela parce que l'Art d'aimer se perd de plus en plus.

De nos jours on se vautre dans certains draps, on n'aime plus!

De nos jours, difficile de donner son cœur en gage afin de déguster le charme d'une vraie lune de miel puisqu'on ne peut même plus offrir à la personne adorée la lune sur un plateau d'argent...

La lune!

La lune, oui, cette ex-muse des vrais amoureux; tu vois ce qu'on en fait...

Entre nous, entre nous deux, il n'y a jamais eu de lune!

J'ai voulu dans notre amour mettre tout le soleil de la vie alors que tu ne recherchais que le noir, l'obscurité, la situation embrouillée...

Ta dernière aventure en fait foi.

Ta présente idylle nous le prouve.

Et tu oses encore parler d'amour et de pureté?

Ton faux roman d'amour fait peine à voir car c'est le plus ambigu de ceux que je connaisse.

Et tu parles encore de pureté!

Il y a un an je me suis laissé prendre.

Un an plus tard, c'est un autre que tu prends à grands coups de pureté.

Tout cela ne peut conduire qu'à la ruine.

Mon règne à moi ne dura que dix mois.

Le règne de l'autre...

l'autre, que je devrais haïr et que je plains pourtant de tout mon être.

Il y a un an!

Il y a un an je croyais que tout ton toi c'était vrai.

Il y a un an!

Il y a un an je croyais qu'on pouvait refaire sa vie, se refaire un bonheur avec du NOUS tout autour... Je suis un peu déçu, je ne serai jamais amer.

C'est pourquoi je te souhaite tout le

bonheur de cette terre, cette terre où tu ne seras jamais à l'aise à cause de ton éternelle inadaptation.

À cause de toi!

Dans un an, qu'auras-tu fait de l'autre à moins que l'autre…

Il y a un an je t'aimais!

Il y a un an je rêvais!

Il y a un an je me trompais!

Il y a un an je faisais de toi un être irréel alors que que tu n'étais qu'un bien pauvre exemple de l'amour.

L'AMOUR: cette récompense divine que tu ne mériteras jamais!

SI...

Si...
Si l'amour avait vraiment voulu de nous, nous n'en serions pas là!
Si...
Si ton cœur avait vraiment épousé le mien, notre vie actuelle ne serait pas la même.
Si...
Si nos deux vies avaient vraiment été faites l'une pour l'autre, nous aurions maintenant un seul passé pour deux.
Un passé fait de deux passés soudés l'un dans l'autre, comme bois et métal.

Si…

Oui, je le sais, ce qui nous est arrivé est déjà arrivé à des milliers de couples de par le monde et continue d'arriver à des milliers de couples de par le monde. Il faut se faire une raison?

…à même les ressources de son âme.

Que de mal on se fait sans se connaître!

Car peut-on vraiment connaître ce que l'on aime, ce que l'on croit aimer quand on est si peu objectif en face de l'amour.

Je ne le crois pas.

De là la faillite de certains romans.

En amour, te l'ai-je dit assez souvent, il faut prendre les bons moments et rejeter les affreux…

De ces bons moments, on se fait des réserves, un beau roman et c'est vraiment ce qui compte dans la vie: le roman.

Mon roman, pour un certain temps, ce fut toi! Et voilà que nous aimons ailleurs!

Et voilà que tu aimes l'autre… Et voilà que j'aime de nouveau! Et voilà que je me prépare à vivre un nouveau roman.

Celui-là sera-t-il plus riche et plus régénérateur que le précédent, que le nôtre?

J'en suis persuadé.

D'ailleurs, à quoi bon anticiper?

Je crois que nous, les vrais amoureux, nous voulons toujours trop anticiper, toujours trop savoir, au lieu de se laisser vivre, de se laisser emporter...

L'amour nous rend indiscrets.

On fouille dans le passé de l'être aimé, on veut un peu régir sa vie, on va même parfois jusqu'à monopoliser son avenir alors que...

Alors que la plupart des humains, même s'ils savent aimer, ne demandent au fond qu'une chose: la PAIX!

Cette paix, je voudrais la retrouver pour toi. Je voudrais te la rendre à même la mienne, comme un don, mon dernier cadeau.

Si...

Si un jour tu comprenais tout cela!

Si...

Si un jour tu apprenais le bonheur!

Si un jour tu parvenais à ne plus mentir...

Tu m'aiderais alors à comprendre définitivement que si notre roman d'amour avait été ce Conte Bleu auquel j'aspirais tant, nous aurions peut-être défié le Ciel. Il ne le fallait pas.

Car si impérieux soit-il, nul bonheur terrestre ne résiste à ce prix.

VACANCES

Ils sont nombreux ceux qui partent...
Plus nombreux encore ceux qui
restent... prisonniers du quotidien,
esclaves de leur destin.
On peut parfois éloigner ceux qui obs-
truent votre cœur; on ne peut pas toujours faire le vide complet autour de sa
vie.
Et c'est souvent au milieu d'une foule
qu'on se sent le plus seul, le mieux à
l'abri.
À l'abri de ce que l'on fuit!
Toi, je n'ai jamais voulu te fuir; tu as fait

le vide autour de ma vie et c'est ce qui m'a sauvé.

Pour nous, les enchaînés du cœur, l'Amour est souvent une sorte de potence... On s'y rend les yeux grands ouverts, l'âme consentante, pieds et mains liés. On affronte ce danger comme on se rend à la Sainte-Table pour communier, parce que poussés par un pouvoir supérieur, une force toute spirituelle.

On croit!

On a délibérément la foi!

On se donne corps et âme pour une cause que l'on sait noble, que l'on tente en vain de diviniser avec l'apport de tout son être, que l'on voudrait à la taille de l'infini.

C'est notre façon à nous de pécher!

C'est pourquoi, pour ce genre de péché, il n'y a jamais de châtiment irrémédiable.

On souffre un peu.

On souffre beaucoup!

On souffre quelque temps...

On expie par l'amour, avec l'amour, par amour, pour l'amour.

Et c'est ainsi que la sérénité nous revient!

Oui bref est le châtiment... le châtiment d'avoir trop aimé.

Moi, si j'avais entretenu la haine au dedans de moi, la haine pour autrui, la haine contre la vie, j'aurais eu honte! Mais je n'ai jamais, je ne pourrai jamais connaître la honte d'avoir aimé.

Mon seul crime aura été d'avoir trop aimé, oui, quelqu'un en particulier, quelqu'un qui ne m'aimait pas, quelqu'un qui méritait si peu tant d'amour.

C'est d'un banal... et d'un passionnant en même temps!

Ils sont nombreux ceux qui partent!

Comme eux j'ai eu l'urgent besoin de partir, de m'éloigner pour un temps, de faire le vide afin de mieux faire le point.

Et je suis parti...

Je suis parti avec et sans toi.

Ce furent là mes plus belles vacances du cœur!

Elles m'ont immunisé davantage et pour longtemps!

Enfin!!! enfin, tu n'étais plus là!

Cette délivrance tant espérée, si ardemment recherchée, m'était enfin donnée à travers tout ce nouveau décor!

L'expiation était finie!

Le châtiment prenait fin!

La délivrance prenait enfin le dessus...

Le cruel souvenir faisait place à une réalité toute neuve et pleine de promesse, une réalité d'évasion. Et c'est ainsi que j'ai vraiment cessé de t'aimer.

Vacances du cœur: les seules qui vous laissent des cartes postales dorées et des valises légères à porter et des poèmes bénéfiques!

Ils sont nombreux ceux qui partent...

Peu nombreux en retour, ceux qui reviennent le cœur remis à neuf et l'âme délavée.

Je suis maintenant de ceux-là... grâce à ce cœur tout prostitué qui est le tien!

TOUT PASSE

Tout passe, tout casse, tout lasse!

...même le plus beau roman d'amour.
C'est pourquoi on ne devrait jamais
faire de serments à long terme, de promesses illimitées, de confidences avec
les mêmes toujours et jamais.
Regardons-nous!
Observons-nous!

De quoi avons-nous l'air maintenant?
Surtout quand nous nous croisons au
hasard des jours.

On a l'impression que ce n'est plus ni toi ni moi, on a l'impression que ce n'est pas nous.

Et pourtant, nous nous sommes aimés tous les deux!

Et pourtant, nous pensions bien que c'était pour la première et pour la dernière fois, que jamais plus... que pour toujours...

Que nous avons été naïfs et imprudents et prétentieux!

Et voilà que nous ne nous connaissons même plus.

Et voilà que tu aimes ailleurs alors que j'entreprends une nouvelle aventure amoureuse, sans importance mais aventure quand même.

Tout passe, tout casse, tout lasse!

...même le plus beau souvenir d'amour! Tous les jours, on rencontre ainsi des gens qui se sont fortement aimés, longuement, et qui ne s'aiment plus.

Tous les jours, ici et là, j'apprends qu'il existe de plus en plus de couples désunis qui invoquent la séparation en réclamant le divorce alors qu'on les croyait si heureux et liés à jamais.

Pourtant, il n'y a pas si longtemps ils s'aimaient! Ils s'aimaient comme nous nous sommes aimés...
Tu vois, nous ne sommes pas les seuls...

Il y a des exceptions, bien sûr, mais chacune a son secret. Les uns n'ont pas connu autre chose et les autres, certaine nuit, ont manqué ou d'audace, ou de courage ou de chance.

Et puis, il y a les enfants!
Toi, tu ne rougis même pas de faire fredaine devant eux...

Pourtant, c'est pour eux que nous devons rester debout, bien droit, en face du devoir. Ils sont nés de notre amour et ne doivent pas payer pour ce même amour quand celui-là n'existe plus.

Tout passe, tout casse, tout lasse!

...même le beau roman d'amour qu'il
nous a fallu refuser.

Un soir, comme ce soir, on n'y pense
plus.
Ou si l'on y pense, c'est avec beaucoup
de précaution, un rien d'attendrisse-
ment entremêlé de satisfaction, celle
que procure infailliblement la propreté
intérieure. Tout cela doit remplacer la
haine première une fois qu'on a fini par
accepter la trahison de «son» autre...
Car le drame vient du fait que la plupart
des cœurs qui s'accrochent soudain l'un
à l'autre ne sont pas toujours faits l'un
pour l'autre et que certains n'ap-
prennent pas à décrocher. Alors, au lieu
d'amadouer la résignation, ils menacent,
sortent drogues et pistolet...

Dans toutes les belles histoires d'amour,
il y a toujours l'un des deux cœurs qui
aime plus que l'autre... il y a toujours
l'un des deux qui finit par trahir l'autre.
Il suffit de s'habituer en prévoyant l'is-
sue dernière. C'est alors qu'on apprend à
dire adieu.

Après des jours et des nuits, on se quitte ainsi sur le quai d'une gare, à la bouche d'un métro, au téléphone, sur le pas d'une porte, dans un billet, un dernier salut dans le cœur d'une foule. Une question d'entraînement, quoi! Et l'on rentre seul.

Et pendant trois jours et trois nuits on serre les poings, on joue de la mâchoire, on n'ouvre ni porte, ni lumière, ni téléphone, ni phono, ni frigo...

Et pendant trois jours et trois nuits.
on attend que ça passe...
Les mots, les menaces, les larmes... tout cela est bien inutile.

Tout passe, tout casse, tout lasse!

...même la fin d'un très grand amour, même la tragédie d'un adieu.
Le reste, tout le reste, on appelle cela: ESPOIR, PARDON ET DIGNITÉ.

S·O·L·I·T·U·D·E

«*On peut pleurer pendant deux jours mais on
ne peut pas rire pendant deux heures. Dame,
ce sont les autres qui vous font rire tandis que
c'est sur soi qu'on pleure!*»

SACHA GUITRY

•

Perfide et gluante, sournoise et démo-
niaque, sadique et implacable, tu sur-
voles nos vies pour mieux t'infiltrer, le
moment venu, jusqu'au plus intime de
nos âmes.

Rôdeuse insatiable et carnivore, tu frappes quand bon te semble, sans avertir, sans laisser de trace, tout comme ces armes invisibles que l'on dissimule afin de mieux atteindre le cœur de la cible.

Tu es partout!

Tels ces oiseaux de proie affamés, tu traques tous et chacun, bondissant souvent du ciel pour mieux nous faire entrer sous terre.

Tu es vraiment impitoyable, solitude redoutée et redoutable!

…menace perpétuelle contre laquelle il n'y a nul remède, ni abri, ni pis-aller, oui, on te redoute en vain puisque tu n'épargnes personne.

Solitude maudite!

Élément visqueux et sordide, carne injuste et cruelle, tu passes ton temps à poursuivre les êtres humains de ton diabolique châtiment, quels que soient leurs mérites, leurs fautes, leur talent, leur désœuvrement, leur position sociale et humaine.

Tu guettes!

Tu épies!

Tu es là!

Tu t'abats!

Tu frappes!

Tu coinces!

Tu es partout à la fois!

Tu n'as ni âge, ni forme, ni raison!

Mais tu es là!

Constamment!

Pour tous!

Depuis longtemps... depuis toujours!

SOLITUDE... de ce fœtus à la recherche de la vie, ainsi égaré dans le sein d'une mère inconnue à cause du mauvais calcul d'un soir ou d'une nuit!

SOLITUDE... du nouveau-né seul dans son berceau, ce petit cercueil blanc à ciel ouvert où il lui faut déjà affronter son destin en se méfiant des impondérables!

SOLITUDE... de l'enfant blond qui vient de s'endormir au fond de son parc-jouets, à bout de jeux, la tête appuyée sur son ourson de peluche déchiqueté, une menotte accrochée à l'un des barreaux de sa première prison, un pied en dehors, inconscient et charmant à la fois!

SOLITUDE... de l'écolier qui, sac au dos, apprenti forçat, doit quitter son univers doré afin de se rendre à l'école pour la première fois!

SOLITUDE... de la première-communiante qui vient de tacher sa belle robe blanche et qui ne sait plus que faire!

SOLITUDE... de l'adolescente et de l'adolescent se retrouvant soudain sur le dur marché du travail entre les quatre murs d'un bureau ou d'une usine!

SOLITUDE... du jeune militaire qui vient d'être projeté dans un monde inconnu et infernal, où le fusil prend la place du cœur!

SOLITUDE... de la jeune amoureuse que l'on vient de trahir, de tromper, d'abandonner!

SOLITUDE... du fiancé éconduit sans raison!

SOLITUDE... de la jeune et nouvelle mariée, veuve le premier soir de ses noces du mari qu'elle croyait épouser!

SOLITUDE... de l'époux dans les bras de celle pour qui le lit conjugal est devenu devoir et sacrifice!

SOLITUDE... de la jeune fille enceinte que l'on juge et que l'on châtie inutilement!

SOLITUDE... de l'homme qui a dû renoncer au plus Grand des Amours, amour dont il a pourtant fait par la suite la raison de toute son existence!

SOLITUDE... d'un Beethoven sourd, du prisonnier, de la carmélite, du jeune vicaire, du chômeur, du missionnaire, de l'écrivain, du chirurgien, du cosmonaute, du malade hospitalisé, du biologiste, de l'orphelin, du veuf, de la veuve, des célibataires, des infirmes...

SOLITUDE effrayante de ce Père adoré, de cet Ami de toute une existence que l'on porte en terre dans un cercueil tout neuf...

SOLITUDE combien plus effroyable de l'Ami qui marche derrière, titubant sous le poids de son inhumaine et intarissable douleur!

12 MOIS = NÉANT!

« Pourquoi réclamer l'avenir à grands cris quand chaque nouveau pas vous laisse de plus en plus meurtri. »

•

Des secondes, des minutes, des heures, des jours, des semaines, des mois, des années...
Mouvement perpétuel...
perpétuel recommencement!
Longueur du temps!
Cruauté des ans qui s'accumulent
...où donc nous emmenez-vous?

Après, au fil de chacun de tous ces jours superflus, après nous avoir ainsi bousculés, chagrinés, usés, ulcérés et trépanés jusqu'aux os et jusqu'à la moelle, que FEREZ-VOUS de nous!

Le cœur pressuré et l'âme traquée, faut-il avancer encore?

Avancer encore longtemps?

Mais pour QUI et POURQUOI, mon Dieu, alors que tous ceux qu'on aimait nous ont quittés, quand TOUT ce qui nous aimait n'est plus, alors que TOUT CE QU'ON AIMAIT vient de nous être arraché par le Ciel même…

Oui, des secondes, des jours, des mois…

Des mois qui ressemblent à l'épineux et bien inutile Chemin de Croix que vous fîtes, Seigneur, à l'aller seulement, puisque après les stations prédites et bien alignées à leur place, bout à bout, il y eut le calvaire prévu et convoité pour nous… **sauver,** paraît-il.

Nous sauver de quoi?

Nouveau mystère!

Pourtant, vous n'aviez que quatorze de ces stations-là… le calvaire du cœur en compte tellement plus! L'amour a pu nous broyer, passe encore. Mais quand c'est la mort qui vient aussi hypocritement nous ravir l'être amicalement aimé, c'est aussitôt le néant!

Et soudain, le chapelet de tous ces mois à vivre et à recommencer et à survivre nous semble effroyablement lourd, cruellement inhumain.

Alors le regard vide, l'âme pétrifiée et les yeux secs on envisage la répétition de tous ces mois comme une corvée lamentable, sorte de plaie ouverte à tout semblant d'avenir:

Janvier:

celui-là, le dernier, devait nous redonner l'espoir. Il n'aura sonné que le glas d'une année d'inacceptable deuil!

Février:

que de froid, que de neige et tout ce silence glacial qui allait précipiter l'échéance fatale du malade que nous veillions, impuissants mais confiants, attentifs et déjà misérables en dépit d'une quelconque grâce d'état, prélude d'un grand malheur!

Mars:

mois fatidique pour les grands car-

diaques. Le 17, tu as réussi à nous fau-
cher le nôtre? Toute la vie, maintenant,
nous te haïrons en te redoutant!

Avril:

le plus mort et le moins régénérateur des
avrils printaniers. On se souviendra de
toi, 1970!

Mai:

depuis mars le temps est maussade et
triste comme nous, comme si nous
avions à partager le même deuil, la
même douleur... Au fait, lilas et mu-
guets ne sont peut-être que des chrysan-
thèmes qui ont raté leur vocation!

Juin:

mois des vacances! Faudra-t-il ouvrir
«son» chalet comme avant? Ça signifie
quoi des vacances habillées en noir...

Juillet:

tiens un nouvel anniversaire? Bravo! À
mon âge on ne dit pas «une année de
plus mais une année de moins». Voilà
toute la différence. Et c'est tellement
mieux ainsi, allez!

Août:

qu'allons-nous faire le jour de son prochain anniversaire? À part toutes ces

larmes, quoi offrir à un cœur mort, une âme trépassée, un père-ami à jamais disparu!

Septembre: l'an passé, le départ pour l'hôpital... Cette année, le cimetière de Saint-Vincent-de-Paul! Et l'année prochaine?

Octobre:
de nouveau en route pour l'hiver avec du mars tout au bout! Et après?

Novembre:
le mois des morts? Sans commentaire!

Décembre:
il n'y aura jamais plus de Noël pour nous, jamais plus de fêtes, jamais plus...

Des secondes, des minutes, des heures, des jours, des semaines, des mois... à écouler, à subir!

Et passent les mois!

Et tournent les années!

Le temps peut bien passer et se renouveler...

l'AVENIR ne nous fait plus peur puisque nous n'avons plus rien à DONNER, à PRENDRE et à PERDRE!

SANS L'AUTRE

Quand on se retrouve seul, il faut repenser sa vie, repartir à zéro en abolissant le passé, en envisageant l'avenir autrement.

Sans l'AUTRE!

Sans plus personne...

Quand on se retrouve seul, on reste des heures à ne plus pouvoir penser à force de trop penser.

Et on a beau repousser l'image du cher visage, elle revient sans cesse comme ces mouchoirs que l'on agite dans le vent, sur le quai d'une gare.

Quand on se retrouve seul, il faut sur-
nager afin de ne pas couler, de ne plus
sombrer.

Il faut se reconstruire un cœur!

Il faut se refaire une âme!

Il faut se rebâtir une existence!

Il faut... OUBLIER!

Oublier l'autre... oublier tout cela: cela
qui était et qui n'est plus et qui ne sera
jamais plus.

— Tu as le cœur gros, hein, mon bon-
    homme!

— Oui...

— L'oubli n'est pas facile?

— Ah! non.

— Pourtant c'est le réveil...

— Le rêve était si beau!

Quand on se retrouve seul, il faut absolument oublier tout cela...

C'était en automne?

C'est déjà le printemps!

Entre les deux saisons, il y a eu tout ce
blanc, tant de neige, trop de froid...

Et tout cet AMOUR!

C'était un amour tellement extraordinaire et qui ne demandait qu'à se per-
pétuer.

Et puis le mensonge est venu, la trahison, le… NON!

Quand on se retrouve seul, il faut chasser les souvenirs.

— Elle était belle, hein!

— Oui et il y avait dans ses yeux tant de détresse humaine…

— Fume ta cigarette et oublie!

— Et puis il y avait entre nous tant de possibilités, tant de…

— Fume ta cigarette, mon bonhomme et oublie!

— Le temps d'oublier peut durer longtemps…

Quand on se retrouve seul, on repense ainsi au bonheur détruit, au rêve brisé, aux beaux jours enfuis.

— Bonhomme, tu devrais ranger cette valise!

— C'est vrai! Mais nous devions partir ensemble; les 14 juillet à Paris ne sont jamais ceux qu'on avait pu imaginer.

— Fume ta cigarette!

Quand on se retrouve seul à la fin d'un grand amour, on ferme sa porte. On veut éteindre toutes les lumières. On tend les bras vers l'inconnu. On va ainsi jusqu'au bout de sa souffrance et quand elle nous brise tout à fait, on entre dans le sommeil...

— Tu vois, mon Amour, comme elle finit mal notre histoire! Le temps d'un aveu et puis plus rien.

Quand on se retrouve seul après avoir tant AIMÉ... je pense qu'il faut faire un GRAND SIGNE DE CROIX!

POUR EUX

C'est souvent pour eux qu'on tient le coup!

C'est certainement pour eux et à cause d'eux qu'on retrouve très vivement le goût de vivre, le besoin de tout recommencer.

De tout recommencer ailleurs!

De tout recommencer sur un autre plan.

De tout recommencer avec d'autres visages, d'autres mains, d'autres cœurs.

Eux, ils ne comprennent pas...

Eux, ils ne comprennent pas encore... n'ont pas besoin de comprendre.

Ils savent pourtant dans leur petit cœur que le monde des grands n'est pas encore à leur mesure, qu'il s'en passe des choses pas toujours drôles dans ce monde où le cœur fait naufrage pour un rien, où l'âme chavire pour la faiblesse d'un soir.

Eux, ils sont spontanés et vrais!

Ils ne marchandent pas...

Ils sont honnêtes naturellement, d'instinct.

Ils ne savent pas...

Et ils vont dans la vie en cueillant des étoiles, piétinant avec désinvolture le bobo de la veille.

Ils sont honnêtes et vrais, parce que pas encore atrophiés!

On tremble un peu, on tremble beaucoup pour eux.

Car on sait que leur tour viendra...

On se prépare pour deux!

Nous, les plaies, ça nous est familier...

...tout comme les coups au cœur, la méchanceté gratuite, l'abus de confiance, le chantage moral, la calomnie, le mensonge... une question d'habitude!

Eux, ils n'ont pas l'habitude.

Leur tour viendra...

On tremble un peu pour eux et c'est bien tout ce qu'on peut faire.

Ils représentent quand même une sorte de bouée de sauvetage quand frappe le malheur de la solitude par l'amour déçu.

Pour eux, on a alors besoin de se garder propre, de se tenir en vie, de combattre les idées incendiaires.

Pour eux, il faut demeurer debout!

Pour eux, il faut tenir le coup.

— Tu as le genou tout écorché!

— Ça ne fait rien ça ne fait pas mal...

Dans dix ans, que faudra-t-il leur dire?

— Tu as l'âme toute écorchée!

— Ça ne fait rien... ça fait mal mais ça passera...

Chacun son mal!

Chacun son écorchure!

À dix ans, on reçoit des pruneaux violets sur le front en jouant avec ses petits camarades.

À vingt ans, on reçoit des coups dans le cœur en jouant avec l'amour.

Oui, c'est souvent pour eux qu'on tient le coup!

C'est certainement à cause d'eux qu'on

221

retrouve le besoin de vivre en dehors des yeux qu'on aimait tant en s'accrochant au besoin de tout recommencer...
Le besoin de prendre un grand bain d'oubli et de pureté!
Quand l'amour nous brise le sourire, quand on se retrouve seul, quand l'ingratitude humaine et l'hypocrisie terrestre et la déception nous désorientent à un tournant de notre vie, on constate une fois encore, une fois de plus, que la vie ratée, la vraie, est vraiment celle qui n'a pas pu se conserver le SOURIRE D'UN ENFANT!

TÊTE-À-TÊTE

Que ferons-nous ce soir?
Vous ne savez pas!
Pourtant, si...
si vous le vouliez, amie, nous...
Ah! vous êtes un peu lasse!
La chaleur, sans doute.
Voilà, je vous ai apporté ces quelques
fleurs, des lilas blancs, pourquoi pas!
C'est banal?
C'est surtout très saisonnier.
Non?
Merci!
Voyez comme ils sentent bon.

Moins que vous, je le conçois.

Je vous apporte des lilas alors que pour vous je ne rêve que de violettes.

Mais le temps des violettes c'est comme le temps des amours: on le souhaite un jour, on croit le tenir un soir, il s'en va le lendemain.

Morose, moi?

Mais pas du tout, voyons. Il y a bien de temps en temps quelques souvenirs épars... Pourquoi serais-je morose, puisque vous êtes là en permettant que j'y sois aussi.

Et puis, avec les lilas, il y a ce disque. Connaissant votre admiration pour ce pianiste, j'ai cru...

Mais non, il ne faut pas me remercier.

Je voudrais simplement que ce disque vous tienne compagnie quand je serai absent.

Vous le savez, il faut toujours partir... repartir.

C'est un disque d'extérieur; ne serions-nous pas mieux dans le jardin pour l'écouter?

Cœur à cœur, sous les étoiles: cœur de lilas et étoiles musicales.

Oui, je suis un peu bête mais tout de même, que cette soirée est douce!

Il ne faut surtout pas prendre froid; couvrez-vous, je vous en prie.

Nous sommes si bien ainsi, côte à côte, dans le silence, avec cette musique aux lilas.

Cigarette?

Voilà…

Mais non, ce cocktail ne vous fera aucun mal, au contraire…

J'ai l'impression, moi, que je garderai un très bon souvenir de cette soirée, de ce premier tête-à-tête; pas vous? Ce que vous êtes gentille!

Vous dites?

Oh! merci!

Vous êtes vraiment trop… Oui, mais je n'osais pas encore vous le demander. Enfin, pas si tôt. Si vous voulez…

Il n'y a rien comme une nouvelle flamme pour guérir un vieil amour.

Vous avez déjà aimé, vous aussi; parbleu cela se devine un peu. Oh! je ne suis pas à plaindre. Sur le coup ce fut atroce mais là, je récupère de plus en plus. Non, je ne suis pas à plaindre. De moins en moins, j'en ai bien l'impression.

Mais grâce à vous, oui.

Merci!

Encore une goutte de...

Que cette soirée est belle: ces fleurs de rosée on dirait des étoiles, des étoiles de lilas sur un piano endormi.

Mais je vous en prie: couvrez-vous, j'ai froid!

Mais, que ferons-nous ce soir?

FERMEZ LES YEUX MA MIE, CETTE NUIT EST ENFIN À NOUS!

RETROUVAILLES

Que fait-on d'un premier amour?
Quand on le retrouve ainsi, par hasard,
au coin d'une rue, oui, que fait-on d'un
premier amour... retrouvé?
On est là, devant lui, tout gêné, tout
timide, tout mal pris.
On est là, sans pouvoir ni avancer ni
reculer, comme coincé soudain entre le
passé et le présent.
Un premier amour retrouvé, c'est un
peu comme un premier rendez-vous im-
provisé; on en perd tous ses moyens.

On bégaie, on s'excuse, on se répète en se disant tout bas:

«Une minute de plus ou de moins et j'étais sauvé!»

Il y a aussi la rue, l'autre, celle qu'on aurait dû enfiler à la place de... si...

Mais les bruits de la rue se fichent pas mal des cœurs qui s'entrechoquent ainsi, à pleins trottoirs, dans la foule de cinq heures.

Le monsieur marche devant d'un pas pressé, boulot par derrière, fatigues par devant.

La dame magasine pour son plaisir parce qu'elle en a le temps, parce que cela a toujours fait partie de sa coquetterie bien féminine.

C'est à cause de cela, dans le temps, qu'il l'avait aimée. Au bord de lui-même il en avait fait sa «vamp» admirée.

Et l'objet de sa première aventure.

Que fait-on d'un premier amour quand on le retrouve ainsi par hasard dans la foule de cinq heures, en pleine rue Sainte-Catherine!

La dame a été la première à le reconnaître, à reconnaître ce monsieur vieilli

qui marchait d'un pas pressé sans savoir
qu'au tournant, entre le feu rouge et le
feu vert, il allait revivre ses vingt ans...

— Monsieur!

À l'oreille du promeneur, la voix était
très douce, un peu émue, non racoleuse.

— Madame?

— Et vous ne me reconnaissez même
    pas!

— Vous... toi! Pas possible?

— Moi, je t'ai reconnu tout de suite.

Déjà le ton de reproche...

— Moi, je ne sais pas si j'aurais pu. Je
    suis si distrait par métier, si bohème
    par nature.

Que fait-on d'un premier amour?

L'on s'excuse en poursuivant sa route ou
l'on se retrouve devant un pot. On fait
alors de nouveau connaissance en se
racontant tout... ou presque.

— Il y a combien de temps de cela?

— Vingt-cinq ans, voyons!

— Tant que cela? Le temps file si vive-
    ment. Et toi?

— Je devais me remarier, mais la mort...

— Personne n'y échappe. Moi, après,
    j'ai épousé la petite. Oui, celle qui

était si jalouse de toi. Vrai! Mais, nous n'étions pas faits pour vivre ensemble. Alors, j'ai beaucoup voyagé et mon métier a pris tout le reste, toute la place. Tu sais, tu as été la première dans mon existence. D'ailleurs, les soupirants ne te faisaient pas défaut à l'époque.

Et il pensait tout bas: elle était belle comme Dorothy Lamour et dire que maintenant, cette vieille dame aux cheveux blancs. Et si je l'avais épousée, voilà la compagne que...

— Toi, c'était différent. Je savais que tu n'étais pas comme les autres, qu'il te fallait de l'espace, du large, de la liberté.

— Voilà...

— Libre?

— Libre! Et toi?

— Depuis un mois, moi aussi. Si je te donnais mon numéro de téléphone?

Que fait-on d'un premier amour retrouvé?

Une suite ou un simple Billet du Soir...

AVIS DE RECHERCHE

ON A PERDU L'AMOUR!
Et on a beau le chercher partout, on ne
le retrouve nulle part.
— Aie! vous, dites, vous n'avez pas ren-
   contré l'AMOUR?
— Où?
— C'est justement ce que l'on ne sait
   pas.
— Comment était-il?
— Mais il était énorme, grand comme
   ça, assez volumineux dans tous les
   cas pour couvrir et combler tout le
   monde. Il n'y a pas si longtemps, il

était encore là. Si, si... je vous assure. Bon, merci, je vais tenter de trouver ailleurs.

C'est inouï tout de même!

Perdre un bracelet-montre, passe encore.

Égarer son briquet, passe encore.

Perdre la tête, perdre sa route, perdre aux courses... c'est régulier. Mais perdre l'AMOUR!!!

Oui, je le répète, c'est donc ridicule.

J'admets qu'on puisse perdre un petit objet sans valeur et même son honneur, mais perdre un Monument aussi gigantesque que l'AMOUR, non, cela je ne peux ni le comprendre, ni l'admettre.

— Vous, là, tout pantois, arrêtez de réfléchir dans le vide et cherchez avec moi, bondance! Cherchez, cherchez, cherchez... Je suis sûr qu'il est quelque part, qu'il peut se retrouver. Si on s'y met à plusieurs... Oui, je suis convaincu que l'AMOUR se cache pour mieux revenir à la surface de la terre, pour mieux se faire retrouver.

— Si on allait dans la cour des écoles?

— Vous avez raison, les enfants, peut-
    être, mais pas chez les grands.
Crions: «ON A PERDU L'AMOUR!»
C'est vrai que dans les écoles c'est main-
tenant la pagaille? Il n'y aurait plus
tellement d'amour. Autrefois, les insti-
tutrices apportaient du sucre-à-la-crème
à leurs élèves et ces derniers, une pomme
rouge. Mais de nos jours, le chèque des
grèves, tous les chèques syndicaux ont
fait place au dévouement et à l'amour!
— Allons ailleurs...
— Dans certains foyers?
— Allons-y!
— Ah! ici la mère s'est enfuie.
— Et le père?
— Lui, il boit et il...
— Bon! Et de l'autre côté de la rue?
— Rien ne va plus: cause de divorce.
— C'est vrai, j'avais oublié qu'en Haut
    Lieu, les demandes affluent de tous
    les milieux.
— Et dans ce parc, tout près, sait-on
    jamais?
— Que des sans-abri qui se vautrent
    dans la drogue et... vous savez quoi.
— Personne ne les aime?

— Dans leur cas aussi... ON A PERDU L'AMOUR!

— Écoutez, le danger est trop évident. Il faut faire quelque chose pour cette société bien maladive. Il faut absolument retrouver l'AMOUR!

— Dans les hôpitaux, qui sait?

— Pire encore que dans les maisons d'enseignement, dit-on. Voyez tous ces malades abandonnés dans les couloirs... De l'AMOUR cela?

— C'est vraiment désespérant! Ça n'a plus de sens. Il faut faire quelque chose. On ne peut pas rester comme cela le nez en l'air et les bras pendants à attendre. Il faut organiser une croisade, commander une battue... Je me tue à vous redire qu'il faut de toute urgence retrouver l'AMOUR!

— Oui, mais comment faire?

— Je ne sais pas, comment, mais il FAUT. Débrouillons-nous! Écoutez, la situation est grave. Vous avez vu le journal et la télé hier soir? Il y a de tout là-dedans, sauf de l'AMOUR. On y parle de grèves, de procès, d'émeutes, de révoltes, de meurtres,

234

de suicides, de guerres civiles, de guerres non civiles, de contestations, de cadavres, de chaise électrique, de viols, d'incestes... mais toujours très très peu de l'AMOUR, ON A PERDU L'AMOUR!

Il n'y a plus personne qui aime, qui s'aime. Chacun en veut à l'autre, les employés défient les patrons. Les patrons défient leurs employés. Le premier voisin fait les gros yeux au second voisin. Les enfants se traitent de tous les noms. Les automobilistes s'injurient en se tirant le poing. Certains amants renient leurs serments... Les cadavres s'amoncellent... Énumération bien déprimante que celle-là!

— Mais nous sommes complètement idiots? L'Église... on n'a pas pensé à l'Église. Si...

— Plus personne... déserte... alors que le pic du démolisseur poursuit son œuvre.

— Alors, il faut pousser le grand cri d'alarme à la radio, à la télé, dans les journaux, partout. Avec concours à l'appui si nécessaire:

«On a perdu l'AMOUR. Récompense promise à ceux qui le retrouveront, le rapporteront!»

— Mais à la barrière de la récompense promise, ils vont tous s'entretuer pour... Non, il vaut mieux attendre encore un peu.

ATTENDRE QUE L'AMOUR REVIENNE DE LUI-MÊME DANS LE CŒUR DE TOUS ET CHACUN!

BILLET DU SOIR

À Monsieur Phil Laframboise
en réponse à son «Billet du Soir»

Je te remercie...
Je te remercie de tout mon cœur!
Qui t'a dit que j'aimais les livres?
Et comment as-tu deviné le genre de
lecture qui me passionne?
Tu es sûrement un fin psychologue!
Tu ne me connais pas beaucoup, pour-
tant...
Moi non plus d'ailleurs...
Mais je t'aime bien tu sais!

237

Je ne te dis pas «je t'aime», tout court,
parce que ce ne saurait être vrai.
Du moins pour le moment?
Enfin, pas encore...
Mais je t'aime bien!
Je t'aime par tes écrits d'où se dégagent
tant de chaleur humaine, de sensibilité,
de tendresse...
Ceux que tu aimes sont sûrement très
heureux par toi!
Autant que je le suis par... celui qui te
remplace...
Toi, pourtant, je t'aime bien!
Et pour moi, «aimer bien», cela veut
dire bien des choses...
Et ils sont rares ceux que j'aime bien.
Car il y a toujours des restrictions
quelque part, n'est-ce pas?
Tu sais, les amis, ils se comptent facile-
ment...
Les vrais amis, ils se...
Même pour une femme.
Toi, je te considère comme un Ami.
Un vrai!
Et pour cela je te remercie
Je te remercie aussi encore pour les
livres et pour tes vœux

Et surtout pour tes «Billets du Soir»
Je t'aime bien tu sais...

Les pensées

«MON DEUIL EN ROUGE»

Et quand tout fut fini, quand tu mis sur
ma bouche
Cette larme, pourtant, qui glisse sur ton
deuil?
Quand je t'ai vu partir dans le soir em-
brumé,
Le cœur ancré comme une souche
Que mon courage, en vain, essayait
d'ébranler;
Et quand, sur le palier, me voyant im-
plorante
Tu levas les deux bras, tu semblas un
Atlante

Qui soulevait le monde où je devais
errer
Et j'eus peur, un moment, de le voir
chavirer.

21 février 1935

Jovette Bernier

J'ai cessé d'être moi le soir où il y a eu TOI.

*   *   *

On revient de tout, sauf de l'amour.

*   *   *

Et dire qu'avant TOI j'ai osé écrire «je t'aime!».

*   *   *

Tu abolis mon passé en renouvelant mes souvenirs.

*   *   *

Vivre 20, 30, 40 ou 50 ans avec le même amour ne semble guère être l'objectif des vrais amants.

*   *   *

Voir Venise et mourir? Voir ton visage et survivre!

*   *   *

Tu n'as plus rien à me demander puisque ma vie t'appartient.

*   *   *

Un homme averti en vaut deux. Un cœur averti ne vaut rien.

*   *   *

C'est quand on n'y croit plus que l'amour vous tombe dessus à l'improviste.

*   *   *

Le premier amour est fugitif. Le dernier... DÉCISIF.

*   *   *

Pourquoi me parler avenir alors que je te veux au présent.

*   *   *

C'est TOI la toujours présente mascotte de mon bonheur!

*   *   *

Le pire en amour c'est de ne pas savoir où est et ce que fait l'être aimé lorsque l'on pense à lui.

*   *   *

Tu me dis DEMAIN alors que je te réponds AUJOURD'HUI.

*   *   *

Il n'est de pire solitude que la solitude à deux.

*   *   *

Je te regarde dormir à genoux. De l'amour cela? Non, de l'idolâtrie!

*   *   *

Depuis toujours, oui, on nous vante les bienfaits de la Famille... alors que la mère et le père ne sont même pas parents entre eux?

*   *   *

Elle n'a connu qu'un seul amour, son mari. Et ça se voit dans son regard.

*   *   *

Dans un couple il y en a toujours un des deux qui aime le plus. Mais qui des deux est le plus heureux ou le plus à plaindre.

*   *   *

La plupart de ceux qui nous parlent de l'amour ne peuvent même pas nous le définir.

*   *   *

Ceux que le sexe scandalise devraient se souvenir qu'ils en sont le résultat même.

* * *

Pour bien se souvenir il faut avoir beaucoup aimé.

* * *

Aimer c'est perdre la tête... du moins pour un certain temps.

* * *

L'amour est un Don de la vie... elle qui possède le pouvoir de retirer ce qu'elle donne.

* * *

Certaines personnes cultivent beaucoup mieux les plantes que les sentiments amoureux.

* * *

Je m'étais pourtant juré avant de te connaître de ne jamais plus faire «Garderie du Cœur».

* * *

Cette inaltérable RAGE d'Aimer: comédie ou tragédie?

* * *

Tout se paie ici-bas, même le bonheur d'aimer.

* * *

Et dire que ma vie ne tient que par un «phil» qui relie ton nom au mien!

* * *

La sonnerie du téléphone: condamnation ou résurrection?

* * *

Les hommes aimeraient moins longtemps que ces dames parce qu'ils sont d'éternels volages?

* * *

On aime le Rêve, la Romance, l'Amour.
Tant pis si l'Amour, en revanche, nous
vole ou nous reprend ce qu'on aime.

*   *   *

Comment raisonner un cœur qui n'a
plus sa raison!

*   *   *

Perdre son autonomie en Amour c'est
perdre aussi sa personnalité, non?

*   *   *

Illusoire la pensée de faire d'un premier
amour la raison de toute son existence.
Ça, c'était avant de te rencontrer...

*   *   *

Il n'y a pas d'Amour vrai sans larmes
puisqu'aimer, c'est souffrir!

*   *   *

Ton nom est un astre qui enflamme mes nuits.

*   *   *

L'amour et la roulette russe: le même risque, le même danger!

*   *   *

C'est quand tu dors près de moi que tu m'appartiens le plus intimement.

*   *   *

J'ai épousé ton cœur avant même de l'entendre battre sous ton sein gauche.

*   *   *

Sans TOI je ne serais qu'un pauvre sans-abri à la dérive.

*   *   *

TOI, tu seras à jamais mon jour «J».

*　*　*

Elle avait dit: «Je préfère être le bijou d'un vieux que l'esclave d'un jeune.» Et elle fut pleinement heureuse.

*　*　*

Le bonheur c'est le fait de n'envier personne.

*　*　*

On aime rarement QUI on voudrait parce qu'on n'est pas toujours aimé par QUI l'on voudrait.

*　*　*

Bien à plaindre au fond celui qui n'a jamais connu les tourments de l'amour.

*　*　*

Le lit conjugal ou le poison de l'amour?

*　*　*

Tu me donnes le vertige de la passion
amoureuse lorsque mon cœur plonge
dans le vide pour rejoindre le tien.

*   *   *

On n'emprisonne pas un cœur amoureux, il le fait de lui-même.

*   *   *

Tu m'obsèdes jour et nuit comme un
remords sans fin.

*   *   *

Chacun de tes coups de téléphone
oxygène mon cœur, extasie mon âme,
tonifie ma vie.

*   *   *

Un Amour comme le nôtre, on n'en
parle pas, on le vit!

*   *   *

Mourir d'Amour? Volontiers mais à la condition que ce soit POUR et par TOI.

*   *   *

Et si l'HYMNE À L'AMOUR c'était TOI à travers NOUS!

*   *   *

Il n'y a pas d'âge pour aimer puisque c'est l'unique façon de l'oublier.

*   *   *

On n'aime jamais deux fois de la même manière... tant pis ou tant mieux!

*   *   *

Il n'y a pas de cuisine assez vaste pour contenir deux femmes.
Il n'y a pas de lit assez petit pour ne contenir qu'une unique passion.

*   *   *

Je t'adore sans condition, parce que c'est TOI, parce que c'est moi devenus NOUS!

* * *

Aimer l'autre de plus en plus c'est s'aimer soi-même de moins en moins.

* * *

L'amour est aveugle? C'est ce qui expliquerait certains mariages.

* * *

Les promesses d'amour sont souvent hélas! — les mêmes que les promesses électorales.

* * *

On dit «je t'aime»... pour ne pas dire je m'aime.

* * *

Même la distance ne pourra jamais éloigner ton cœur du mien puisqu'il ne bat que pour TOI.

*   *   *

L'Amour est une maladie contre laquelle il n'y a qu'un antibiotique: la fuite.

*   *   *

Nos chagrins d'Amour ne peuvent attendrir que ceux qui ont un jour subi l'outrage de l'abandon puisqu'on ne comprend bien que ce que l'on a soi-même vécu.

*   *   *

Au cinéma on glorifie les Amours interdites. Dans la vie de tous les jours, ces mêmes amours scandalisent ou déshonorent.

*   *   *

Quand tu t'endors après l'Amour, ton teint s'irradie comme celui d'un nouveau-né.

*   *   *

L'Amour c'est aussi permettre à l'autre de respirer en lui ouvrant la porte ou une fenêtre de temps en temps.

*   *   *

AMOUR COUPABLE... souvent celui qui revitalise le plus!

*   *   *

Aimez longtemps, chantez souvent, il en restera toujours quelques rimes, quelques notes, plusieurs échos.

*   *   *

L'écrivain le plus doué ne réussira jamais à coucher sur le papier les raisons pour lesquelles il aime telle personne au lieu d'une autre.

*   *   *

Tu ne me mériteras jamais. Et pourtant je suis fou de TOI. Allez comprendre quelque chose dans tout cela...

*   *   *

Je te porte en moi comme un viatique puisque tu es l'escale, le port, l'embarcadère et l'horizon de ma tendresse et de mon AMOUR.

*   *   *

La cruauté morale la plus évidente vient toujours de ceux qui n'ont jamais aimé.

*   *   *

On adopte un enfant, un cœur, un corps, un amour... Que voilà, souvent, les seuls moyens de devenir un laissé-pour-compte!

*   *   *

Le chiffre 30: porte-bonheur ou malé-
diction? Il représente notre code secret
puisque tous les autres n'ont pas besoin
de savoir.

*   *   *

Vivre à deux en amoureux? Peut-être, à
la condition de préserver notre respec-
tive intimité.

*   *   *

Comment résister à la flamme de tes
yeux quand, soudain, ils se font tout
petits comme deux perles rares diaman-
tées de désir.

*   *   *

C'est quand tu écris que tu deviens cette
chère Muse qui m'inspire le plus intensément.

*   *   *

Après tant d'aventures, il ne me reste que la bouée de sauvetage de ta main dans la mienne!

*   *   *

AIMER, dit-on, ce n'est pas se regarder dans les yeux, mais dans la même direction.

*   *   *

Ma vie: TOI!
Mon présent: TOI!
Mon port d'attache: TOI!
Mon avenir: NOUS!

*   *   *

Un artiste: c'est celui qui a mal aux autres.

*   *   *

Tu as tellement bouleversé mon existence que j'en arrive à pardonner à celles qui, avant TOI, l'ont fait avec beaucoup moins de franchise.

*   *   *

Tomber en Amour c'est souvent —
hélas! — se retrouver par terre la face
barbouillée dans les poussières humaines.

*   *   *

Nous demander de voir clair quand nous
avons tous été conçus ou presque dans
l'obscurité?

*   *   *

Nouveau-né? Non, nouvel accidenté!

*   *   *

Quand je te dis «bonjour», «bonsoir»,
«bonne nuit», je veux égoïstement dire
TOUJOURS.

*   *   *

J'ai un passé et tu as un avenir. Celui-là
pourrait bien souder celui-ci à celui-là.

*   *   *

Si jamais tu partais un jour ce serait
pour mieux me revenir une nuit.

*   *   *

On est toujours responsable de ce que
l'on aime.

*   *   *

Et si le VIOL sentimental avait sa raison d'être.

*   *   *

Un taxi de minuit, une ville, une rue,
un édifice, un ascenseur, un couloir, un
numéro, une porte rouge et derrière le
SEPTIÈME CIEL!

*   *   *

Ton cœur ne sera jamais plus seul tant
que je vivrai car je vivrai aussi longtemps qu'il ne battra que pour TOI!

* * *

L'amour en deux temps: l'un pour souffrir et l'autre pour guérir.

* * *

En amour, le silence a souvent plus de poids que les paroles inutiles.

* * *

L'amour même non partagé n'accorde pas tous les droits puisqu'il faut sans cesse respecter la liberté et le besoin de solitude de l'AUTRE.

* * *

L'amour délirant et la dignité humaine ne vont pas toujours de pair.

* * *

On peut tout sacrifier à une insatiable passion, sauf le respect de soi-même.

* * *

Le plus grand et tenace sentiment
amoureux ne doit servir qu'à vous reva-
loriser et non pas à vous déconstruire.

* * *

L'amour fait souffrir alors que l'Amitié
console de tout.

* * *

Aide-moi à t'aimer comme il te con-
viendrait, tel que tu le souhaiterais.

* * *

Laisse toute sa liberté à l'objet de ton
Amour.
S'il te revient, c'est qu'il est à toi.
S'il ne te revient pas c'est qu'il ne t'a
jamais appartenu.

* * *

L'Amour représente un trésor trop enviable pour le confier à des enfants qui jouent aux adultes sans en connaître le sens du partage.

* * *

Ne parlons jamais de nos enfants à autrui. Ceux qui en ont ont les leurs et ceux qui n'en ont pas ne sont pas intéressés.

* * *

Je sais des chansons faites pour notre Amour mais la plus belle est celle que nous écrivons ensemble tous les jours.

* * *

Le quotidien m'a greffé un nouveau cœur, le tien. C'est sans doute pour cela que je souffre maintenant pour deux.

* * *

Pourquoi la joie et le délire d'aimer se confondent-ils si inévitablement à la déception tardive ou immédiate!

*   *   *

Vivre avec TOI c'est faire l'abnégation de soi-même.

*   *   *

Vivre sans TOI c'est perdre le goût de vivre et de survivre.

*   *   *

Je t'attendrai aussi longtemps que tu le voudras... que je le pourrai.

*   *   *

Pour les autres nos amours seront toujours ridicules.

*   *   *

Comme le «H», le «Pot» et la «Coco»…
l'Amour peut — oui — devenir une
drogue au quotidien.

*   *   *

Vide ta fortune dans ta tête et personne
ne viendra jamais te la voler.

*   *   *

Et dire que les couples dits désassortis
durent plus longtemps que les béguins
passagers.

*   *   *

Un trop grand besoin de liberté au sein
d'un couple peut être aussi une forme de
lâcheté de la part de l'une, de l'un et de
l'autre.

*   *   *

On ne lance des pierres que dans des
arbres qui portent des fruits.

*　*　*

Tes enfantillages ont fini par faire de TOI l'instabilité même qu'il m'a fallu romancer en vain.

*　*　*

Le jeu de l'amour ressemble beaucoup à celui de la Bourse quand, dans le cœur de l'autre, nos parts et nos actions sont à la hausse ou à la baisse selon son climat sentimental.

*　*　*

Mais qu'as-tu donc, mon cœur, à ne toujours battre que vainement en assiégeant d'autres cœurs qui ne battront jamais pour toi?

*　*　*

Les Mal-Aimés devraient former cortège afin de manifester devant la demeure des exploiteurs de sentiments et des voleurs de tendresse.

*   *   *

Non, ce n'est pas moi qui suis trop vieux
pour toi, c'est toi qui es trop jeune dans
ton besoin de gamineries à jamais inas-
souvies.

*   *   *

Le souvenir est un cher visage
Que l'on revoit, pensif et rêveur
Les souvenirs sont des paysages
Que borne au loin l'horizon du cœur.

*   *   *

Même si j'enterrais mon cœur et mon âme
bien au fond de la terre ou des océans, ils
ne seraient jamais en paix puisque ton
nom reste gravé dedans au fer rouge.

*   *   *

La cruelle déception de constater que
l'être aimé ne vous mérite pas.

*   *   *

Afin de te rendre inaccessible aux autres, j'ai dressé pour TOI un piédestal si élevé que je crains parfois, certains soirs d'accalmie, de ne pouvoir l'atteindre moi-même.

*   *   *

Les petits sentiments font les petites gens et les petites gens ne sont pas intéressantes.

*   *   *

Cueillie au jardin de l'enfance, la chanson est une fleur qui refleurit au seuil du grand âge après avoir parfumé l'existence tout entière.

*   *   *

Les gadgets ne seront toujours qu'un pis-aller grotesque et infâmant pour les nobles missions sexuelles.

*   *   *

J'ai froid au cœur et à l'âme quand j'ai le mal de TOI.

*   *   *

Tu me culpabilises souvent... comme pour mieux m'attacher à TOI.

*   *   *

Tu m'aimes à ta façon; c'est ma consolation et mon angoisse.

*   *   *

Peut-on aimer jusqu'à la servitude sans perdre sa dignité?

*   *   *

Quand l'être aimé dégringole de lui-même de son socle, ça fait un gros trou béant dans votre cœur et une indéfinissable fissure dans votre vie.

*   *   *

Quand on pleure la perte d'un grand amour ce n'est pas sur lui que l'on pleure mais sur soi.

*   *   *

Tu me quittes. Tu ne veux plus de moi. Coup brutal. Sentiment de rejet. Et plus tard: lucidité. Et par la suite: délivrance.

*   *   *

Plus l'Amour est puissant, profond, éthéré et paradisiaque, plus il faut en payer cher le prix.

*   *   *

Mon Amour te va bien.
Ton Amour me va bien.
C'est tout ce qui nous convient.

*   *   *

Tu voudrais faire de mon quotidien un Ordinateur et de mon cœur, un clavigraphe électronique? Eh! bien oui, je t'aime assez pour me convertir à tout cela.

*   *   *

Je suis si bien avec TOI lorsque je t'entends respirer, bouger, travailler... Et comme il est doux et rassurant de t'écouter vivre ainsi!

*   *   *

Il a fallu que tu SOIS, que tu PASSES, que tu SURGISSES, que tu m'ARRÊTES pour changer le cours de mon existence toute entière.

*   *   *

«Je vous offre mon cœur» — avais-tu dit en ajoutant aussitôt: «Non, quelque chose de moins dur à supporter!» J'ai tout de même tenu le coup plus longtemps que prévu.

*   *   *

Mon cœur a battu très fort le jour où tu m'as dit que jamais tu ne pourras m'oublier, même s'il y avait rupture, voulue ou non.

* * *

Un jour sans chanson ressemblerait à un repas sans vin, une matinée sans soleil et une vie sans amour.

* * *

Dans ton sommeil heureux, quand tu ronfles avec tant d'harmonie, tu me fais l'impression d'un petit chat ronronnant de plaisir.

* * *

Qu'as-tu fait de moi? Une victime ou un héros de roman? Peu importe, les deux seront toujours à la remorque de ta vie.

* * *

Ce qui importe avant tout, ce ne sont pas les deux chiffres de l'âge mais bel et bien l'emploi qu'on en fait.

* * *

«Tomber en amour et ne pas se casser la figure, c'est très important!» — Tu ne croyais pas si bien dire puisque maintenant c'est toi, avec l'autre, qui...

*　*　*

On s'engage amoureusement un soir par grande sincérité mais rarement pour toute une vie à cause, justement, de la frivolité de l'autre.

*　*　*

Elle est belle et il est moche.
Il est élégant et elle est comme une tour. Et malgré tout, ils sont attirés l'un vers l'autre. Comment comprendre et expliquer cela?

*　*　*

J'aurais tant voulu que tu me considères comme un Havre de Paix et non pas comme un juge d'instruction.

*　*　*

Renoncer à TOI? Mon Dieu, Vous que j'ai toujours tant prié, m'en donnerez-vous un jour la force et le courage?

*   *   *

Pourquoi je t'aime tant? Je ne le sais pas. Sans doute parce que les grands mystères de la vie et de l'Au-Delà seront toujours aussi insondables.

*   *   *

Tu ne sais pas dire «je t'aime». C'est ce qui fait ta candeur et ton charme et, par-dessus tout, ma désespérance.

*   *   *

L'Amour est un gadget trop précieux et trop complexe pour le laisser entre des mains inhabiles et inexpérimentées.

*   *   *

«De notre aventure, ne gardons que les beaux souvenirs!» «C'est précisément ceux-là qui font mal!» t'ai-je répondu en te voyant partir.

*   *   *

Ceux qui ne font pas un roman d'amour de leur existence ne sont pas dignes d'elle.

*   *   *

Rater sa vie, c'est peut-être de n'avoir jamais réussi à conjuguer à l'unisson le verbe AIMER.

*   *   *

Les larmes de désespoir soulagent le cœur endolori. Les larmes de bonheur vous coupent le souffle.

*   *   *

Comme je te remercie de redonner un sens nouveau aux grandes chansons d'amour de Brel et de Piaf!

*   *   *

Passion à long terme ou... auto-suggestions à la chaîne.

*   *   *

Les caprices amoureux ressemblent de près à ceux des tout petits enfants.

*   *   *

C'est quand les défauts de l'autre vous irritent soudain que les grands sentiments amoureux commencent à... tituber.

*   *   *

Et si une trop vive et trop lourde passion ne faisait de vous que de simples loques sentimentales.

*   *   *

Ah! tes lèvres chaudes sur les miennes...
et je deviens TOUT en n'étant plus
RIEN.

*   *   *

Tes deux petites mains blanches...
étoiles de mer scintillant au clair de
lune comme de précieux coraux.

*   *   *

La mort peut être une délivrance. La fin
d'un grand Amour peut-être un long,
pénible et dérisoire suicide moral.

*   *   *

On ne meurt pas d'Amour. On agonise
un peu plus douloureusement et c'est
tout.

*   *   *

Chaque tour de roue qui me rapproche
de TOI s'harmonise au rythme des bat-
tements de mon cœur.

* * *

La solitude peut à l'occasion servir de refuge, jamais de prison.

* * *

Quelle prétention de penser laisser des héritiers à la postérité.

* * *

Sans TOI je suis comme un radeau à la dérive, un corps sans âme, un voyageur sans identité, un aéroport désert.

* * *

La passion amoureuse peut faire de chacun de nous un saint ou un criminel.

* * *

Ces déceptions amoureuses qui n'en finissent pas de décevoir...

* * *

L'amour non contrôlable... un virus qui peut tuer à petits feux.

*   *   *

Un amour bafoué peut à la longue en-
gendrer un sentiment de haine à re-
bours.

*   *   *

C'est lorsqu'on songe à protéger, défendre ou sauver son Grand Amour,
qu'il est déjà — hélas! — en danger ou
perdu.

*   *   *

Comme tu n'as pas encore appris à dire
«je t'aime», moi, je le dis pour deux.

*   *   *

L'Amour n'accepte pas toujours la pro-
miscuité d'un appartement puisqu'elle
risque de le diminuer, de l'attiédir, de le
détruire.

*   *   *

Avec TOI j'ai vécu quelques mois de bonheur, de vrai bonheur, bien-être intérieur inconnu de moi jusque-là et le souvenir en vaut bien un chagrin, si pénible soit-il.

*   *   *

Je te suis tellement reconnaissant, maintenant, de ne m'avoir laissé qu'un dernier mauvais souvenir. Il m'aidera à te juger avec des yeux plus... moins …

*   *   *

J'envie presque ces gens qui changent d'amour comme de chemise en remplaçant, bon an mal an, l'amour de la veille par celui du lendemain en disant:
«Je suis sincère!»
Histoire de cœur?
Non, histoire de peau!

*   *   *

Je ne t'attends plus et le téléphone a cessé d'être une hantise. Serais-je en train de t'oublier ou de me... leurrer.

*   *   *

En amour, si l'on pouvait décrocher aussi spontanément que l'on s'est accroché, on deviendrait tous des... commerciaux!

*   *   *

Comme le noyé, quand on a touché le fond par amour, par douleur, par dépit ou par rage, il faut bien remonter à la surface.

*   *   *

Ce qui me désole le plus dans ma grande déception d'Amour ce n'est pas tant le fait de te perdre que la façon désinvolte que tu as employée pour brouiller l'image idéale que je voulais conserver de toi.

* * *

Mais quel âge as-tu donc?
Celui de l'AMOUR!
Il n'y a pas d'âge pour aimer puisque
l'AMOUR est en lui-même plus vieux
que le monde lui-même.

* * *

J'ai toujours cru en la justice et au châti-
ment imminents.
Dans ton cas: c'est une condamnation.
Dans le mien: une régénérescence!

* * *

En Amour, la moindre rivale sera toujours la mort!

* * *

Ah! ces faux amants qui sont trop
lâches pour rompre de vive voix!

* * *

Nos émois, nos énergies perdues, nos amours bafouées, nos faux espoirs, l'éphémère gloire de nos petits personnages et tout le reste... est-ce que cela compte vraiment puisque nous ne sommes en fait que des apprentis-cadavres!

*　*　*

Se suicider pour une peine d'amour? Voyons, ce serait donner raison à l'autre. Au contraire, il faut vivre et survivre pour jouir davantage de son éventuelle déconfiture!

*　*　*

Paradoxe! En Amour ceux qui semblent être les plus fragiles émotivement, ont une résistance qui devrait effrayer ceux qui s'arrogent le pouvoir relatif d'être pour un temps leur bourreau moral et physique.

*　*　*

Quand on résonne faux dans le quotidi-
en, on ne peut pas — même dans l'al-
côve amoureuse — raisonner avec intel-
ligence, harmonie et respectabilité.

*   *   *

Au théâtre comme en amour il faut toujours convoiter le meilleur rôle. Depuis
que tu m'as quitté, je viens d'hériter du
premier grand rôle alors que tu ne réus-
sis à jouer, avec l'autre, que les... acces-
soires.

*   *   *

C'est infailliblement une tierce personne qui vient perturber une relation
amoureuse bien portante. L'éternel
triangle, quoi!

*   *   *

Je suis bien obligé, à la fin de chaque
aventure amoureuse, d'admettre que
mon cœur doit être un obèse aussi gour-
mand qu'insatiable?

*　*　*

L'Amour est une responsabilité qui n'est pas à la portée de tous les adeptes. C'est pourquoi, d'ailleurs, ils en font un tel gâchis.

*　*　*

AIMER, ce n'est pas tellement le dire que le prouver à tout instant.

*　*　*

Tu pars avec l'autre? Tiens, prends ma croix. Quand tu ne pourras plus la porter tu la traîneras et dès lors tu me reviendras... s'il n'est pas trop tard?

*　*　*

Le dernier amour? Celui que vous emporterez bien au chaud dans votre tombe.

*　*　*

De la corde pour te pendre? C'est l'autre maintenant qui tient le lasso!

* * *

Quand le cœur d'un amoureux aussi éperdu que fou se noie... il ne vérifie jamais dans combien de pouces d'eau.

* * *

Y a-t-il sur terre quelque chose de plus sans-cœur qu'un cœur bafoué par l'amour? Oui, le mien!

* * *

Adieu! Pourquoi? Parce que tu fais semblant d'essayer d'aimer ailleurs... Mais c'est l'autre qui, bientôt, te fera connaître et vivre la tragédie de ce mot que tu emploies ainsi sans en connaître encore la signification.

* * *

Ah! pouvoir balayer les souvenirs qui font mal avec quelque magique valium!

*   *   *

Ceux qui n'ont jamais connu une déception amoureuse ne peuvent comprendre la douleur de ceux qui voient le grand Amour de leur vie se réduire soudain en cendres.

*   *   *

C'est quand tu as besoin de faire RIRE que j'ai le plus envie, moi, de PLEU-RER.

*   *   *

Organe vital et symbole de l'Amour, le cœur a trop d'importance pour le disperser aux quatre vents pour le caprice d'une nuit.

*   *   *

Quand on est sincère on ne prête pas son cœur à la légère. On le donne spontanément, trop souvent hélas à ceux qui n'en sont pas dignes.

*   *   *

Pas plus qu'on ne peut changer ce qu'on aime, on ne peut l'obliger à vous aimer.

*   *   *

L'HUMOUR chez certains handicapés intellectuels est une façon de se tirer d'embarras sans jamais se tirer d'affaires.

*   *   *

«Sème une pensée, tu récolteras un acte;
Sème un acte, tu récolteras une habitude;
Sème une habitude, tu récolteras un caractère;
Sème un caractère, tu récolteras un destin!»

*   *   *

Je cœure
Tu cœures
Il cœure
Nous cœurons
Vous cœurez
Ils cœurent
…jusqu'à l'écœurement!

*   *   *

L'Amour du livre, la seule passion qui ne décevra jamais!

*   *   *

Tout comme le malade incurable, l'amoureux éconduit passe par les quatre phases suivantes:

1. *La surprise:*
«Non ce n'est pas vrai, pas possible… un mauvais gag, quoi!»

2. *La révolte:*

«Pourquoi moi? Pourquoi encore moi? Pourquoi toujours moi?»

3. *Le combat:*

«Je vais lutter, me défendre, plaider ma cause, me battre jusqu'au bout... sauver ma peau!»

4. *La résignation:*

«Puisque c'est ainsi... puisqu'il n'y a rien à faire...
Ô mon bon Saint-Jude, venez à mon secours!»

*   *   *

Les deux Masques: la tragédie et la comédie.

Comme tu ne pourras jamais changer le tien, moi j'ai laissé tomber le premier pour m'ajuster le second. À mon tour de m'amuser de cette tragédie que tu es en train de tisser de tes propres mains.

*   *   *

Je prie tous les soirs pour toi. C'est bien tout ce que je peux faire maintenant que le danger est de ton côté.

*   *   *

QUAND JE SERAI COMPLÈTEMENT SORTI DE TA VIE, CERTAINS SOIRS, PARFOIS, EN PENSANT VAGUEMENT À MOI, TU NE POURRAS QUE TE DIRE:
«JE N'AI PAS SU L'AIMER, MAIS TOUT DE MÊME?
C'ÉTAIT UN MAUDIT BON GARS!»

CLINIQUE

D'instinct, il comprit qu'il n'y avait plus
aucun espoir, que tout était maintenant
fini, consumé.
Cruelle évidence qui se révèle d'elle-
même quand on souffre dans son âme au
point d'en être mortellement atteint.
Tout comme ces petites bêtes domestiques qu'on écrase par mégarde et qui
vont se cacher, refusant même toute
présence amicale, afin de mourir toutes
seules, sans résistance.
Pour la dixième fois au moins, il fixa de
nouveau l'horloge et l'appareil télé-

phonique, ces deux bourreaux de sa détresse humaine... l'une tournant trop vivement et l'autre se faisant muet comme la tombe.

«Déjà dix heures! Maintenant, je n'ai plus le choix...» murmura-t-il, aux prises avec l'affreux cauchemar de son intenable solitude.

Oui, il en était rendu au paroxysme de sa déception amoureuse: la plus fatale parce que la dernière d'une existence exacerbée.

Il enfila d'un trait son vieil imperméable et d'un bond, sans se retourner, se pressa de fuir cet appartement de ses derniers souvenirs alors que le vieux disque haletait encore sa plainte nocturne:

«Un petit homme qu'on abandonne
Ne peut rien faire que s'en aller
Dans la rue froide où tout résonne
Tout à fait seul pour mieux pleurer»

Dans la rue froide... cette pluvieuse rue de cette fin de novembre.

Il faillit trébucher. Se redressa. Comme pour protéger cet objet lourd, froid et indéfinissable qu'il dissimulait dans le creux de sa veste.

Tout à coup, il changea brusquement de trottoir. Justement pour éviter les vitrines du restaurant qui...

C'est là, un samedi soir comme celui-ci, il y a déjà un an.

Ils s'étaient promis tous les deux de revenir à cette petite table du premier rendez-vous pour l'anniversaire...

Il n'y aura pas d'anniversaire!

Il n'y aura jamais plus d'anniversaires...

Deux grosses larmes épaisses se figèrent dans ses yeux, sans couler, sans tomber. Les dernières d'une douleur presque tarie. Pressant le pas, il se retrouva enfin devant «La Clinique des Blanches Croix», ultime but de son épuisant calvaire. À cette heure tardive, elle est presque déserte. Sur le comptoir du bureau d'accueil, il déposa fébrilement le mystérieux colis en disant d'une voix éteinte:

— Madame, c'est pour un dépôt!

— Il y a déjà eu une première expertise?

— Non, jamais!

— Veuillez vous asseoir et patienter, le temps de consulter le chirurgien des âmes.

Patienter, patienter... il n'a fait que cela depuis des semaines. Entre la photo et le téléphone, les souvenirs et la fenêtre aux longs rideaux défaits. Perdu dans un rêve imprécis, il n'entendit pas, dans le couloir, le retour des pas de...

— Monsieur! Monsieur, s'il vous plaît?

Il s'approcha de nouveau...

— Je suis vraiment navrée, mais je dois vous remettre votre CŒUR.

— Ah! Et pourquoi?

— Parce qu'on ne peut plus rien pour lui, ici.

— Ne pourrait-il pas encore servir, peut-être, si...

— Hélas! non. Il a trop aimé. Il ne pourra jamais plus... Car il est fissuré de partout et ce nom gravé de bord en bord... Vous savez, même au service de l'Amour, un cœur ne sera toujours qu'un cœur.

— Que puis-je en faire?

— Nous disposons d'une voûte remplie
de petits coffrets dorés; si vous le
désiriez…
Elle le vit pâlir, s'agripper, se crisper.
— Vous vous sentez mal?
— Un léger malaise. Maintenant ça va?
Vous savez, ce trou béant dans la
poitrine!
Pourtant, il se sentait tout de même plus
libéré, moins lourd.
— Sur la petite châsse, quelles initiales?
— Une seule: «A». Elle reliait nos deux
noms.
— Voici la clef. Ce sera le numéro 30.
Relevant le col de son manteau, il es-
quissa un faible bonsoir et par l'avenue
déserte, se dirigea vers le Mont-Royal,
alors que dans sa tête battait toujours le
vieux disque de Piaf:

«Adieu! mon cœur
On te jette au malheur
Tu n'auras pas mes yeux pour mourir
Adieu! mon cœur
Les échos du bonheur
Font un chant triste
Autant qu'un repentir»

On ne le revit jamais en ces lieux.
Une seule fois, à quelque temps de là,
quelqu'un vint visiter le pauvre cœur
abandonné. L'UN et L'AUTRE demeu-
rèrent à jamais anonymes.

Table des matières

Autres ouvrages
de Philippe Laframboise

Les Vacances de Lili
Récit pour adolescents
Préface de Béatrice Clément
Illustrations de Daniel Lareau
203 pages — Éditions «Le Devoir»
1948

Rolande Désormeaux • sa Vie •
sa Carrière • son Souvenir
Préface du Prêtre-Curé Jean Caron
128 pages — Édition des Succès
Populaires
1963

Adieu! Fred Barry
Plaquette-Souvenir
72 pages — à compte d'auteur
1965

Au Revoir Mariano
Reportage biographique
98 pages — Collection Mini-Poche
Éclair
1970

Billets du Soir
Lettres d'Amour en prose
Préface de Jovette Bernier
190 pages — Collection Éclair
1970

Fernandel l'Immortel
Reportage biographique
98 pages - Collection Mini-Poche Éclair
1971

Tino Rossi
Biographie
128 pages — Éditions La Presse
1972

Jean Grimaldi Présente
Biographie
Préface de Serge Deyglun
128 pages — Éditions René Ferron en
collaboration avec Jacques Cimon

LA POUNE
Biographie
Préface de Gilles Latulippe
144 pages — Éditions Héritage
1978

Du Soleil à travers mes Larmes
Biographie de Clairette
Préface de Roger Lemelin
405 pages — Éditions de Mortagne
1982

La Sexualité Bien Expliquée
Préface de Hughette Proulx
184 pages — Éditions Proteau
En collaboration avec le Docteur
Auguste Hébert
1983

Cinquante Ans d'Amour
Biographie de Tino Rossi
Préface de Marcel Brouillard
240 pages — Éditions Proteau
1983

Dieu chez Piaf
Essai
Préface de Pauline Julien
90 pages — Éditions Proteau
1983

Chantons, la Mer est Belle
Paroles de soixante-quinze chansons populaires
Préface de Oscar Mercure, c.a.
90 pages — Éditions Concilium
1984

Olivier (Guimond)
Notes biographiques et Témoignages
192 pages — Éditions Stanké
En collaboration avec Gilles Latulippe
1985

50 Ans de Radio
Album-Souvenir du Cinquantième Anniversaire de Radio-Canada 48 pages abondamment illustrées — Les Entreprises Radio-Canada.
En collaboration avec: Gérard Pelletier, Solange Chaput-Rolland, Pierre Dagenais, Père Ambroise Lafortune, Gilles Potvin, Jean Blais, Robert Blondin, Guy Beaulne, Raymond Laplante, Raymonde Bergeron.
1986

La Vie d'Artiste
ou «Le Cinquantenaire de l'Union des Artistes»
comme collaborateur de l'auteur Louis Caron
222 pages — Éditions Boréal
1987

C'était l'Bon Temps!
Collection de 7 volumes de 100 pages chacun
Historique de 175 chansons populaires,

paroles et musique
Éditions Super Magazine et T.M.

A également collaboré à la rédaction
des huit volumes du «MÉMORIAL DU
QUÉBEC»
et de «L'Encyclopédie de la Musique au
Canada».

350 chansons d'Hier et d'Aujourd'hui
(paroles et annotations)
Préface de Roger Sylvain
Éditions Proteau (mai 1992)

Les Chansons de la Bolduc
Recueillies et analysées
Éditions V.L.B.
Août 1992

Catalogue des Éditions TROIS

Alonzo, Desautels, April
  Nous en reparlerons sans doute, poésie, ill.
Alonzo, A.-M. et Laframboise, A.
  French Conversation, poésie, ill.
Alonzo, Anne-Marie
  La vitesse du regard, autour de quatre tableaux de Louise Robert, essai — fiction.
  Galia qu'elle nommait Amour, un conte.
Antoun, Bernard
  Fragments arbitraires, poésie.
Bosco, Monique
  Babel-Opéra, poésie.
  Miserere, poésie.
Brochu, André
  Les matins nus, le vent, poésie.
Brossard, Nicole
  La Nuit verte du Parc Labyrinthe, fictions.
  La Nuit verte du Parc Labyrinthe (français, anglais, espagnol), fictions.
Causse, Michèle
  (   ), fiction.
  À quelle heure est la levée dans le désert?, théâtre.
  L'interloquée..., essais.